The energy conservation reduces the carbon

生活小改變 地球好自在

低碳生活書

主 編：解 難
副主編：臧弘印・張 憑・周蘋君

賽尚

地球冷暖

匹夫有責

解雍詞

胡��軍書

The energy conservation reduces the carbon

特別感謝

國際節能環保協會

中國低碳網

中國科協機關離退休幹部辦公室

中國老科學技術工作者協會

中國科協直屬單位老科學技術工作者協會

中國科普作家協會

中國消費者協會

中華環保聯合會

中國社會科學院環境與發展研究中心

北京世界華人文化院

自然之友

美國 UCSD 大學斯克里普斯海洋研究所

所有為低碳環保事業奉獻的組和個人

PART I
認識節能減碳，地球好自在

012 低碳生活，理念先行
012 氣候變暖，地球危機四伏
014 人類活動，地球升溫推手
015 有心用心，關愛地球家園

017 更新觀念，低碳消費
018 聰明消費
019 合理消費
020 正確消費
020 理性消費
021 環保消費

022 低碳生活，實用準則
023 需要什麼買什麼
023 避免購買侵權劣質商品
024 注意商品的使用期限
025 留意商品包裝安全
025 選購低碳產品

eco-awareness

PART 2
生活小改變，低碳生活真簡單

030 Chapter1 食

031　養成低碳飲食習慣

035　烹調和家電使用的節能技巧

043　外出用餐的低碳原則

044 Chapter2 衣

045　各式常見環保布料

047　低碳衣服

047　舊衣服再利用

049　要注意衣服中的化學含量

049　化妝品的選購

049　鞋類的選購

050　洗衣有方法

052 Chapter3 住

053　低碳建築，以上海世博會為例

057　住宅裝修的注意事項

061　住宅節能技巧

069　住宅省水技巧

074 Chapter4 行

075　零排放出行

078　公共交通

080　汽車

085　環保與安全

086　廢氣的危害

090 Chapter5 商務

091　電腦的省電好習慣

093　低碳列印

093　紙張精簡用

094　通訊無負擔

096　日常辦公的好點子

098 Chapter6 娛樂

099　文化休閒也省電節能

101　文化娛樂最低碳

103　體育休閒最健康

107　旅遊休閒也低碳

110 Chapter7 循環利用

111　少使用化學清潔用品

112　清潔、保養小竅門

114　減少廢棄，垃圾分類

116　回收資源，循環利用

119　廢物利用小創意

PART 3
低碳生活，全體動起來

122 Chapter1 低碳宣傳

123 宣傳
124 政府部門
126 企業
130 社會團體
131 社區功能

134 Chapter2 綠化與碳匯

135 綠化的意義
138 綠化造林
141 購買碳匯
142 室內綠化
143 適宜室內擺設的綠色植物
146 綠化，以上海世博園為例

148 後記

green-action

PART 4
附錄

151   附錄一：低碳產品的認證標示

161   附錄二：生活碳足跡計算公式

162   附錄三：有關環保的重要日子

163   附錄四：低碳相關名詞

168   附錄五：世界地球日的由來

171   附錄六：低碳行動節能減排估算表

appendix

eco-awareness

低碳生活，你我嚮往的一種
低能量、低消耗、低成本、低代價的
優質生活方式。

認識節能減碳
地球好自在

PART I

低碳生活，理念先行

隨著全世界工業經濟的發展、人口的劇增、人類欲望的無限上升和生產生活方式的無節制，二氧化碳排放量愈來愈大，人類賴以生存的地球生病發燒了，開始明顯地變暖。

eco-awareness

氣候變暖，地球危機四伏

地球的年齡已經有 46 億年了。在地質歷史上，地球的氣候發生過顯著的變化，曾經出現過氣候寒冷的 3 次大規模冰河期。直至 1 萬年前最後一次冰河期結束，地球的氣候才相對穩定在人類習以為常的狀態。

從 20 世紀 70 年代起，科學家已經把氣候變暖，當成一個全球性的環境問題；80 年代隨著對人類活動與全球氣候有著密切關係後，氣候問題開始成為國際政治和外交的中心議題。

聯合國跨政府氣候變遷小組（IPCC）在 2007 年發佈的第四份氣候變化的評估報告中預測：如果本世紀末時，全球氣溫升高 $1.5℃ \sim 2.5℃$，$20\% \sim 30\%$ 的物種就將面臨滅絕的威脅。一旦氣溫升高 $4℃$，能適應這種變化的生物將所剩無幾。科學家警告人們，全球變暖威脅著人類生存。此報告的有關章節甚至被命名為「通往滅絕的大道」。

世界氣象組織（WMO）在 2008 年 11 月份發表的《溫室氣體公報》中說，1750 年以來，大氣中主要溫室氣體的濃度持續增長。2008 年大氣中的大多數溫室氣體濃度繼續增加，可長期留存的溫室氣體，像是二氧化碳、甲烷和一氧化二氮的濃度，已創下工業革命以來的新紀錄。

這項研究同時指出，20 世紀（90 年代）是近千年來最暖和，而且 21 世紀的全球變暖現象將比 20 世紀更加明顯。地球升溫顯然是越來越快了，全球災難性的氣候變化已經屢屢出現極端天氣、冰川消融、永久凍土層融化、珊瑚礁死亡、海平面上升、生態系統改變、旱澇災害增加、致命熱浪侵襲等。

如果人類不自我節制碳排放，讓地球繼續升溫的話，哪怕是只增加幾度C，也會出現極大的災難：雪山、冰川，包括南北兩極的冰山冰蓋都會加快融化，海島小國、沿海地區、濱海城市都可能被相繼淹沒。

研究人員最新調查發現，台灣週遭海平面平均每年上升 0.32 公分，比大陸沿海海平面每年平均上升 0.26 公分還高，這個速度遠高於全球平均值的 0.1-0.2 公分。所以，在全球變暖的大背景下，我們無法獨善其身，更不能坐以待斃。

人類活動，地球升溫推手

不可否認，地球氣候的變化，包括地球變暖，究其原因主要有自然的氣候波動和人為因素兩大類。但是世界上主流科學家普遍認為，人為溫室效應是造成全球氣候變暖的主要原因。

根據 IPCC2007 年第四份氣候變化的評估報告指出，人類活動直接導致了二氧化碳濃度的升高。2005 年大氣二氧化碳的濃度是 65 萬年以來最高的。在 1906 年到 2005 年這 100 年間，全球平均地表氣溫升高了 0.74℃。

人類活動改變了土地的利用型態，大量的森林植被幾乎被砍伐一空，石化燃料的使用量以驚人的速度在增長，人類在生產和

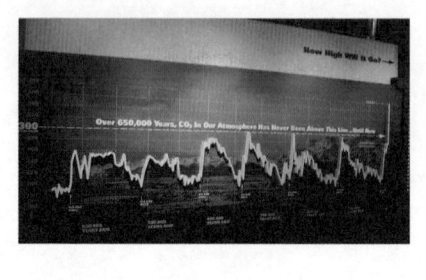

圖中的黃色曲線描述了二氧化碳濃度的走勢，在過去的 65 萬年中，直到工業革命前夕，二氧化碳濃度從未超過 300ppm(1ppm 為百萬分之一)。而此後的 100 年內，到 2005 年，二氧化碳濃度就直線上升為 380ppm。

生活中的二氧化碳排放量幾乎呈幾何級數增長，地球的氣溫相應地也在明顯上升。

如果人類不迅速做出重大的改變，那麼二氧化碳濃度必然會繼續上升。也就意味著大氣層會吸收更多的太陽熱量，使得地表和大氣溫度繼續升高。所以，我們必須未雨綢繆，提前採取減排溫室氣體的必要應對行動。

《京都議定書》中規定減排的溫室氣體有六種：二氧化碳（CO2）、甲烷（CH4）、一氧化二氮（N2O）、氫氟烴（HFCs）、全氟化碳（PFCs）和六氟化硫（SF6）。由於二氧化碳是最主要的一種溫室氣體，故一般將溫室氣體排放總稱為「碳排放」。從《聯合國氣候變化框架公約》、《京都議定書》到「峇里路線圖」、《哥本哈根氣候峰會協議》，再到 2010 年 12 月在墨西哥坎昆舉行的聯合國氣候變化大會，世界各國都需要根據「共同但有區別的責任」原則，實現真正的合作，以期控制溫室氣體的排放量，遏制地球繼續升溫，因為以地球的角度來看，已經快沒有可供緩衝的時間和空間了。

有心用心，關愛地球家園

對我們每個人來說，關愛地球家園，應該是義不容辭。首先，地球是我們人類唯一可以立足的家園，我們只能踏踏實實地生活在地球上，應該無條件地愛惜和保護供我們及子孫後代繁衍生息的地球。否則，一旦冰山融化、海水漫漲，地球就變成了「水球」，人類將無地以立足。到那時「皮之不存，毛將焉附」，何處為家呢？

其次，我們每個人都有能力來拯救地球。人們要生長、要生活、要享受工業革命的成果，就必然要進行碳排放，這是不可避

免的。雖然人們在日常生活中形成的碳排放量，不像工業排放那樣明顯而具有規模性，但全球近 70 億人的碳排放量加起來，卻會加劇地球升溫和地球災害形成。同理，如果我們有意識地改變生活方式，減少碳排放，即使每一個人的「低碳」不足以抵擋工業的碳排放，但全人類共同的低碳行動卻是有可能減緩人為造成的地球升溫。

再次，不想當氣候難民，就要當氣候公民。面對氣候危機，我們人類必須挺身而出，救治地球母親。因為，人類是危害地球的主要生物，總不能指望北極熊或其他什麼地球物種來拯救我們和地球吧！聯合國環境規劃署（UNEP）執行主任史坦納（AchimSteiner）也曾說過：「在二氧化碳的減排過程中，一般大眾擁有改變未來的力量。」

更新觀念，低碳消費

低碳生活不可能離開低碳消費。我們要實踐低碳生活，就必須先建立低碳消費的觀念。也就是說，要建立聰明消費、合理消費、正確消費、理性消費、環保消費的低碳消費理念。

eco-awareness

聰明消費

　　《世界自然資源保護大綱》中有一句名言：「地球不是我們從父輩那裡繼承來的，而是我們從自己的後代那兒借來的。」在台灣這個人口眾多、資源短缺的地方，當前使用的主要能源是地球幾十萬年、甚至幾千萬年才形成的煤和石油等資源。

　　但現有的能源已經開始枯竭，煤炭可采儲量也就百年不到，石油儲量甚至只有幾十年。一些稀有的資源也都幾乎告罄。所以我們絕不能夠「吃祖宗飯，斷子孫路」，毫無顧忌地浪費，甚至是掠奪性地消耗資源。為了對子孫後代負責，我們要提倡低耗能、低排放、可持續的生活方式，進行可世代傳承的合理消費，為後代留下賴以生存和發展的資源。

　　人類只有一個地球，地球是人類共同的家園，都說有國才有家，同樣的有地球，才有國家。每一個地球公民，都要有應對氣候變化的全球意識，要共同減排二氧化碳，保護承載人類文明的地球。當前的先進國家自工業革命起，200多年以來，占有並消耗了世界上絕大部分石化能源，在工業、科技與生活都有著高速的發展，且他們擁有資金、技術和人才等方面的優勢，勢必要在全球氣候和環境危機中承擔起更多的責任，並向發展中國家伸出援手。

　　人類無所顧忌的行動，已使熱帶雨林遭到破壞，動物無處安身，再加上人為排放大量的溫室氣體，導致全球氣候變暖、海洋酸化，造成愈來愈多的動植物相繼滅絕或瀕臨滅絕。一旦地球上生物大量滅絕，人類就變成了「孤家寡人」，也將無法生存。地球不僅屬於人類，也屬於地球上其他眾多生物。因此人們要與「諾亞方舟」上同舟共濟的旅伴相互扶持，保護瀕臨滅絕的物種，限

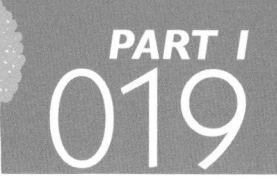

制對野生動植物的消費並譴責虐待小動物的行為。堅持人與自然的和諧發展，維護生態平衡是我們大家的使命。

合理消費

　　地球並不屬於人類，地球孕育了人類和大自然萬物，且建構了平衡的生態環境。人們雖然有權嚮往和追求優裕的生活，盡情享受科技進步帶來的福祉，與時俱進地提高生活品質。但我們在享受成果、滿足自身需求的同時，也要思考並提倡節制個人不切實際、日益膨脹的消費欲望。要減少或改善會浪費資源、增加污染的興趣休閒，避免為了「面子」、「奢華」而增加能源消耗和溫室氣體排放為代價的的活動。

　　合理消費有以下幾個原則：

● **君子愛財，取之有道**：運用對環境好的方法賺取收入，合理而節制的消費。

● **心存仁愛，富有愛心**：提倡共富共榮，協助弱勢，縮小貧富差距，熱心參與公益事業和捐助慈善。

● **計畫消費**：有錢不要隨興添購各種用品，或浪費使用。消費與能源的的消耗是直接相關的，因此有計畫的消費就是愛護地球資源。

● **理財做環保，投資未來**：行有餘力的你我不要只顧滿足個人的消費，適當參與環保、資助環保或投資環保，暨可讓資金活絡，又能創造更多的自然資源財富，這樣就能做到幫地球投資未來。

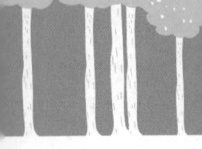
正確消費

正確消費的基本是維護自身的健康需求。對危害身心健康、破壞環境的消費方式和消費品，要堅持地抗拒誘惑，避免因一時的欲望而產生不必要的浪費。

在享受物質生活的同時，要重視消費和環境之間的關係。而其關鍵就在價值觀的正確與否，直接影響消費的正確性，努力提高生活情趣、文化品味和道德修養時正確選擇消費方式是愛地球的基本動作。

根據不同階段的消費需求，處理好食衣住行等生活必需品、休閒娛樂、人情往來等消費的方式。主動地吸收最新環保科學知識，認識和掌握消費品，可避免損失錢財又能不浪費資源。

理性消費

生活消費要量入而出，不要盲目消費或超前消費，否則不只是花了未來的錢，還浪費未來的地球資源。最簡單的原則就是按需求來消費，對於不一定需要的消費就須冷靜，避免盲從。

只有冷靜面對消費才能抵擋層出不窮的的誘人廣告，避免一時衝動。透過學習了解一分錢一分貨，不要貪圖便宜、購買使用危害地球健康的方式生產的產品。不要使用盜版侵權產品，因為盜版侵權的商品擾亂市場秩序，而且從生產製作到查抄銷毀，也都要消耗資源。

理性消費的第一步就是減少購買需要浪費資源從地球其他地方運來，碳足跡多的產品。提倡多購買使用當地生產的商品，這類商品至少碳足跡是少的。

環保消費

優先選購經國家認證的節能、低耗、環保的環保產品。由於技術和成本等原因，環保產品的價格可能會高於非環保產品，但必須考慮其價格功能比，考慮其對健康和環保的雙重良性效應及日常使用的節省效果。而且購買環保產品本身，就是對環保經濟、低碳經濟的有力支持。

消費後回收可用資源，一來減少污染，二來把廢物變成寶再利用，促使生產和消費的過程中，可減少製造或不製造廢棄物，對廢棄垃圾分類回收，促進永續循環經濟的發展。

另一準則就是提倡租賃的消費方式，充分周轉利用已消耗資源生產出來的現有物資，避免其長期閒置或因過期而浪費，間接避免重複生產帶來更多的資源消耗。

顯然，在當今時代，每個人都不可能過「零碳」的生活，但只要我們牢牢確立了聰明、合理、正確、理性、環保的低碳消費理念，在可選擇、可替換的情形下，就會自然選擇環保、健康的生活方式，更確實地實行低碳生活。而且，透過「消費行為引導商品形式、商品形式緊跟消費行為」的良性循環，就能有效地促進低碳經濟的發展。

低碳生活，實用準則

由於技術和成本等原因，環保產品的價格可能會高於非環保產品，但優先考慮其對健康和環保的雙重良性效應及日常使用的節省效果，再考慮其價格功能比是低碳生活的第一步。而且購買環保產品本身，就是對環保經濟、低碳經濟的有力支持。

eco-awareness

需要什麼買什麼

- 出門採購前先訂計畫，把需要的東西列出清單。
- 對可有可無的東西，不急著用的東西，能不買就不買，能少買就少買，不要堆在家裡，造成浪費。
- 不趕時髦、追時尚，避免掉進追著奢侈品跑的陷阱。這不只環保，更能避免淪為車奴、卡奴、月光族。
- 巧用舊物、善用舊物，自己動手翻新改造，變廢為寶。
- 多餘的物品儘量不要浪費，多多通過二手市場、跳蚤市場進行交換、買賣，或是於網路上把家裡的閒置物品或禮品換成自己需要的東西，將可用資源盡量優化。或直接把多餘閒置物品捐贈給需要之人。
- 善用租賃機制，偶爾一用的東西能租就租，不一定非買新的不可，一方面可解決因不常用而選擇購買只能單次使用的問題，另一方也可解決資源閒置浪費的現象。

避免購買侵權劣質商品

- 購買通過正規行銷管道銷售的商品，不只保障你我權益，更可達到對行銷管道的減碳管理。
- 看清商品的商標，認准廠家和產地，不要讓魚目混珠的侵權劣質商品影響消費安全。
- 警惕並拒絕購買不受管理，製程有資源浪費或汙染環境之虞的黑心商品。
- 避免和拒絕購買侵犯知識產權的產品。

注意商品的使用期限

● 特別注意查看食品、藥品、保健品、化妝品的使用期限，評估
是否能於期限內用完，以免浪費。而使用前更要再次確認商品
期限，以維護安全與健康。

● 最佳使（食）用期限和保存期限要分清楚，其含義相差很大。
最佳使（食）用期限為商品維持最佳品質的期限，保存期限為
可使（食）用的最終期限。

● 選購食品時要注意銷售環境是否符合標籤上規定的條件，比如
冷藏貯存、避光保存、陰涼乾燥處保存等。如果不符合規定，
即便食品沒有超出保存期，也可能已經變質。

我不用免洗筷，我要用可
循環使用的餐具。

留意商品包裝安全

● 在選購食品時對包裝袋要一看、二聞、三動手。合格的食品包裝袋應是無色無味、透明或半透明、有一定強度的製品。「一看」包裝袋上的文字圖像是否有混濁不清，或顏色不均勻；「二聞」其外包裝有無異味、怪味；「三動手」摸看看包裝袋是否有滑膩感且輕拉時易拉長或撕裂。只要有一項符合，該商品的品質多半有問題。

● 不要輕易將塑膠包裝袋用於包裝或盛放高溫熟食及油膩食品，尤其不宜長時間盛放這些食品。因為在這種條件下，塑膠袋中會有更多化學物質滲進食品中，會帶給人們健康上的隱患。

● 在使用塑膠袋時，應特別注意本身顏色重的（如黑色、紅色、黃色）或有印刷的塑膠袋，一般不適用於食品包裝。為了健康，千萬不可圖一時方便，用這種塑膠袋直接接觸食品。

選購低碳產品

● 儘量購買在生產、消費過程中符合低能源消耗、低污染、低排放要求的低碳商品。如多購買具備有機食品標誌和環保標誌的食品，保障自身健康。

● 優先購買國家認證的節能設備或產品，及時淘汰超期服役、能效低的設備和相關產品。

● 逢年過節，送禮的首選最好是美化環境的綠色植物，多用花木盆栽來代替煙酒，暨美化環境又減碳。

● 優先購買使用回收材料製作的商品，可以減少生產新產品原料的數量，從而減少能源的消耗、降低二氧化碳排放量。

● 紙和卡紙板等有機材料再利用，可減少垃圾掩埋時，釋放甲烷等溫室氣體。

● 免洗餐具、單次使用的清潔用品、不能重複使用的文具等用品，雖給人們帶來了一時的便利，但地球資源的消耗就相對的多。

● 儘量選購本地及鄰近地區產品，維修保養方便且成本低廉，還可以減少在產品因遠程運輸途中的能源消耗和碳排放。

● 季節性食品是在最適宜的自然環境和生態下成熟，富有營養，同時也少有各種催熟的添加品。而在溫室裡種植的非季節性產品因溫室要保溫，往往要消耗大量的能源。而且為維持其生產，添加的農藥、化肥和催熟劑也相對多。

● 出門採買請自備購物袋、菜籃等，替代塑膠袋。

Tips

※ 1 噸廢紙能生產 800 公斤的再生紙，可以少砍 17 棵大樹，節省一半以上的造紙原料，減少水污染。

※ 塑膠袋用完後折疊、收藏起來，以便重複使用；用於購物的環保袋要經常清洗，否則容易滋生細菌，環保之餘也要顧及健康衛生。

※ 減少使用 1 公斤包裝紙，就相當於節省 1.3 公斤標準煤炭的能源，相對減少排放 3.5 公斤二氧化碳。還可減少過度包裝造成的環境污染和處理垃圾的能源消耗。

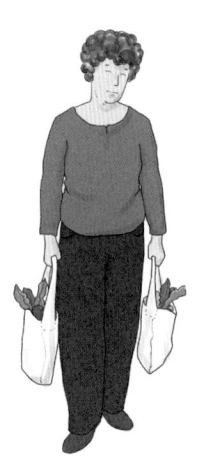

多使用可循環利
用的環保袋。

green-
collar

The energy conservation reduces the carbon

實行低碳生活，首先要從源頭，
從自己的生活做起，
實行低碳採買、低碳消費。
這樣不僅可以節省開銷，
減少個人二氧化碳排放量，
還可以影響市場，促進生產方式轉型，
加快低碳經濟的發展。

生活小改變
低碳生活真簡單

PART 2

Chapter 1

保護耕地、節省糧食，我們應該有危機感。少浪費 1 公斤糧食（以稻米為例），可節能約 0.36 公斤標準煤炭的能源，減少排放二氧化碳約 0.94 公斤。如果全球平均每人每年減少糧食浪費 1 公斤，全球每年可節省 252 萬噸煤，減少排放二氧化碳 640.5 萬噸。

此外，就寢前不進食，以免營養過剩，造成資源浪費，更可避免因營養過剩而去冷氣健身房，用電動跑步機進行瘦身消費，造成二次資源浪費。自家煮飯炒菜，量足夠吃就好，不多做多炒，以免剩菜還要占用冰箱，浪費能源。

green-collar

養成低碳飲食習慣

良好的飲食習慣養成

- 逐步養成「蔬果為主，肉食為輔」的飲食理念，把低脂、低鹽、低糖奉為時尚。適當限制碳水化合物的攝入量，多吃蔬菜水果少吃肉，搭配性的食用肉、蛋、奶等動物性食品。

- 改變不良的飲食習慣，避免過量食用畜禽肉類、油脂等高熱量食物。過量的食物攝入對人的健康有害無益，還會造成地球有限資源的浪費。

- 聰明選擇蔬菜種類，如茄子、大白菜、蘿蔔、胡蘿蔔、高麗菜、大蒜、蘆筍、蘑菇等，常吃可預防癌症發生。

- 合理的膳食組合，多食用橄欖油、堅果、魚肉、家禽、水果和番茄等，有益健康還能減少得老年癡呆症的風險。

減少肉食品

- 減少食肉量，就是減少碳排放。因為畜禽在其從始至終的整個生命週期裡，直接或間接地通過損耗能量，釋放出了大量的二氧化碳。特別是肉食品生產向大氣排放的二氧化碳等溫室氣體，約占全世界排放量的 14% ～ 22%，比運輸業或工業排放的還多。

- 肉類的生產、包裝、運輸和烹飪所消耗的能量比植物性食物要多得多。

● 研究顯示，蔬食一餐產生的碳足跡約為 0.67 公斤二氧化碳，
白肉主食餐包括雞肉和豬肉約產生 0.96 公斤二氧化碳，而以
紅肉即牛肉為主食一餐所產生的二氧化碳則高達 1.36 公斤，
是素食的二倍！

● 每人每年少吃 0.5 公斤豬肉，可節能約 0.28 公斤標準煤炭的
能源，相應減排二氧化碳 0.7 公斤。如果全台平均每人每年減
少豬肉 0.5 公斤，那麼全年可節能約 6440 公斤標準煤炭的能
源，減排二氧化碳 1.61 萬噸。

● 因為牛在消化的過程中會產生甲烷，而甲烷又是比二氧化碳強
23 倍的溫室氣體，因此少吃牛肉與乳製品，對於減緩地球暖
化是有幫助的。每少吃 1 公斤牛肉，可減排 36.4 公斤二氧化
碳，這相當於開車出門 3 小時的排放量。讓我們從少吃牛肉開
始降低碳足跡。

蔬菜的選擇

● 一般而言，大型超市裡蔬菜分為無農藥、生態、有機三大類。
無農藥蔬菜主要指按規定、按比例、有計畫用藥施肥，農藥殘
留不超標的蔬菜；生態蔬菜指遵循可持續發展的原則，在產地
生態環境良好的前提下，按照特定的品質標準體系生產，並經
認定允許使用生態食品標誌的蔬菜；有機蔬菜是指來自於有機
農業生產體系，按相關要求和相應標準生產加工、並經認證允
許使用有機食品標誌的蔬菜。

● 有機蔬菜因為不使用任何化肥和農藥，所以在外觀上往往並不
鮮嫩漂亮，大小也未必勻稱，而且還可能有蟲眼。因有機蔬菜
種植成本大，價格相對貴一些，但微量元素結構更加合理，更
適合人類吸收。

預防癌症

- 無論無農藥蔬菜、生態蔬菜還是有機蔬菜，進食前都要認真清洗。即使有機蔬菜，由於使用農家糞肥，不可避免要有一些葉面污染及殘留，所以食用前一定要將菜洗淨。
- 施過農藥的蔬菜不宜用泡水法清洗，那樣農藥殘留會因為水的浸泡反而滲透得更深，且不容易清除乾淨。清除農藥殘留的方法，可先將蔬菜敗葉菜泥巴等明顯可見的污染物去除，再適當選用鹽水、煮大豆水、食用城水、蘇打水或小蘇打水等，浸泡5～10分鐘後再清洗。此外，許多農藥遇熱就會被分解破壞，如果可以將蔬菜用開水汆燙一下再烹調，就能在很大程度上去除農藥殘留，但是蔬菜的營養成分也會遭受損失。對於耐曬的蔬菜可利用陽光照射，使部分殘留農藥被分解、破壞。暴曬一天，農藥殘留量約可減少一半。

飲料的選擇

- 白開水是最好的飲品，若能自己準備杯子或瓶子並自備開水就更好。塑膠瓶、易開罐到玻璃瓶，其生產過程中也會產生碳足跡。生產 1 公升的瓶裝水，製作過程中至少需要 17.5 公升的

水。每生產 1 瓶水等於消耗 1/4 瓶石油。每生產一個 550 毫升容量的塑膠瓶，需要消耗 5 克標準煤炭的能源，排放二氧化碳 12.5 克。而且，塑膠瓶比塑膠袋還更加難以分解。

● 每天泡壺茶，不論是綠茶、紅茶、花茶或各種藥茶，既解渴又養生，也可免購買瓶裝飲料，減少塑膠瓶和易開罐的消耗。

● 每月少喝 1 瓶啤酒，也可為節能減排貢獻力量。按每瓶啤酒耗能 77 克標準煤炭的能源、排放 200 克二氧化碳來計算，1 人在夏季 3 個月每月少喝 1 瓶，就可節能約 0.23 公斤標準煤炭的能源，相對可減少排二氧化碳 0.6 公斤。

Tips

※ 為了迎合人們對於生態食品的追求，不少產品在包裝上打出了「純天然」、「無污染」、「野生」等字樣，事實上純天然並不代表健康食品。天然植物由於受被污染的土壤、水源、空氣及農藥等因素的影響，一些有害成分會殘留在植物內。如果這些天然植物在種植、收獲、儲存及製作過程中沒有嚴格的品質控制，就難以保證它的食用安全性。

※ 易開罐往往由鋁製材料製成，鋁的冶煉過程會耗費大量的煤炭或電能。比起塑膠瓶、玻璃瓶、易開罐，由紙、塑、鋁複合而成的利樂包，讓牛奶和飲料的消費更加方便而安全、而且保質期更長，其生產和處理的過程更節能些，值得提倡。

※ 飲水機每天真正使用的時間約 9 小時，其他時間基本閒置，近 2/3 的用電量因此被白白浪費掉。在飲水機閒置時關掉電源，估計每台每年省電約 366 度，省下電費約 1000 元，相對減少排二氧化碳 351 公斤。假設全台有約 500 萬台飲水機都採取這樣的措施，全台每年可省電約 18.3 億度，減排二氧化碳 175.5 萬噸。

烹調和家電使用的節能技巧

瓦斯爐的使用

- 選用節能型爐具，一般以天然氣爐具為首選。
- 爐具應放在避風處，放上鍋具後，爐火離鍋底的距離不要太遠。
- 爐火的火焰清晰、火苗呈現純藍色為理想的燃燒狀態。提前做好炒菜準備，要用時才點火，用完隨即關閉。
- 根據烹調需要隨時調節火力或調整火苗的燃燒範圍。
- 做飯時，抽油煙機的使用時機應合理，儘量避免長時間空轉而浪費電。
- 用大火比用小火烹調時間短，可以減少熱量散失。但也不宜讓火超出鍋底外緣，以免白白消耗瓦斯。
- 爐具要定時清理容易被灰塵和油脂堵塞的火口，否則不僅影響火力，還會造成漏氣。
- 瓦斯爐具可外加一擋風圈，可簡單提高熱效率，就能節省能源。
- 飯鍋和水壺裝得太滿，煮沸後容易溢出造成爐火燃燒不完全，既浪費能源，也會排出一氧化碳。
- 使用瓦斯爐時，若沒有人隨時在一旁看守，就要定好計時器提醒，以免發生燒焦、燒乾的情形，造成食物和能源的浪費，更可以防止火災發生。

微波爐的使用

- 用微波爐代替瓦斯爐加熱食物，比瓦斯爐的能源利用效率高。
- 一般電鍋的功率是 900 瓦，用 20 分鐘，耗電 0.3 度；而微波爐功率是 700 瓦，用 7 分鐘，耗電不到 0.1 度。二者相比，微波爐更省時省電。
- 現在市場上的保鮮膜大體分為兩類：一類是普通保鮮膜，適用於冰箱保鮮；一類是微波爐保鮮膜，既可用於冰箱保鮮，也可用於微波爐，在選購時要留意。
- 微波爐加熱食物時，封上保鮮膜，可以防止水分蒸發，使食物熟（熱）得更快。但避免將保鮮膜直接接觸脂肪和糖分高的食品，以防保鮮膜發生破損、溶解，黏在食物上。

省時烹調訣竅

- 夏季氣溫高，燒開水前先不加蓋，讓水與空氣進行熱交換，等自然升溫至空氣溫度時再加蓋燒水，可省瓦斯。大晴天時，還可以把水放在曬的到陽光的地方曬一會兒再煮水，這也是一種利用太陽能的方法。
- 水煮雞蛋時提前 2 分鐘關火，七成熟的雞蛋在開水中燜兩分鐘就熟透了，而且燜熟的雞蛋還不會老。
- 全瘦肉的火腿煮爛很費火，可以在煮火腿之前在火腿皮上塗些白糖，這樣只需平時一半的時間就能把火腿煮爛，且味道更加鮮美。
- 燉雞時在鍋內加 20 克黃豆一起燉，熟得快且味道鮮；或者放三四顆山楂，雞肉也易軟爛，又增添風味。
- 切肉的時候，片狀的要橫紋切，條狀的要順紋切，肉更易熟。

冰箱的選購

- 我們買冰箱時，要根據家中人口、冰箱用途等來決定買多大規格、何種款式的冰箱。人口少、買菜比較方便就無需買規格太大的冰箱，以免冰箱老是空蕩蕩的浪費電。一家四口可選擇容量約 150 ～ 220 公升的冰箱，如果一周集中採購一次，300 公升冰箱也可以。

- 買冰箱一定要查看效能標示、節能標示和環境標示，優先選購效率高的冰箱。

- 要購買一台物有所值的節能冰箱，關鍵是購買冰箱時不但要注意冰箱的節能指標，更要了解冰箱的制冷效果，還有比較冰箱的有效容積，要避免選用犧牲或降低冰箱的制冷效率，來達到數字上低耗電量的冰箱產品，這類產品在實際使用上，因制冷效率差，一直處於制冷運轉的狀態，反而可能更耗電。

150~220升

 =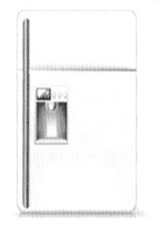

冰箱的使用

- 冰箱冷藏室裡的溫控調整器上一般寫有 0 ～ 7 不等的個刻度（有的是寫明關、弱、中、強，或在冰箱外設置按鈕），0 是關機，1 代表開機冰箱制冷，7 代表冰箱內最冷（壓縮機一直不停工作，耗電高）。一般視季節和冰箱內的物品的多少進行調節。冰箱強弱的設定調整，一般而言冷藏保持在 6℃ ～ 7℃ 就可以，比更低的 4℃ ～ 5℃ 省電，保鮮效果也差不多。

- 節能冰箱售價雖然高些，但一般其保溫性能更強，因此耗電量更少，天氣涼時可把冰箱溫控器調到 1 或 2 的位置；當室溫在 25℃ 左右時，可以調在 3 上；室溫超過 35℃ 時，就可能需要放在 5 或 6 上。

- 在冰箱中放一隻冰箱專用溫度計，依據溫度計的顯示來調節冰箱運轉的強度，是簡單又準確的方式。

- 冷凍褲的溫度控制在 -18℃ 為宜，不需降至更低，這樣耗電量可節省 30% 左右。

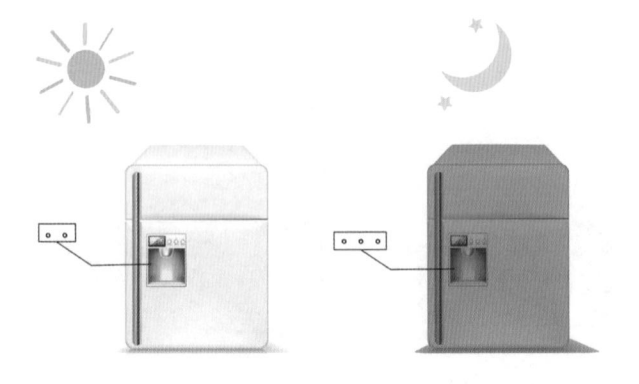

- 利用夏季晝夜溫差大的特點，在睡覺之前，溫控器調到低檔位置，白天再調至原位，這樣可減少壓縮機啟動次數。
- 要將冰箱擺放在環境溫度低、乾燥通風，且遠離熱源，避免陽光直射的地方。如果電冰箱外的溫度上升 5℃，電能消耗就要多增加 25%。
- 冰箱門是否能緊密封閉，關係到冰箱的效率。檢查時可在關閉冰箱門時夾一張影印紙，如果紙可以輕易拉動，則需要請電器公司維修人員調節冰箱門。
- 冰箱開門時冷氣逸出，熱氣進入，都會耗能降溫，所以要盡量減少打開冰箱門的次數。每次打開冰箱前先想好拿什麼、放什麼，動作儘量快。每打開一次冰箱門大約增加耗電 0.05 度，打開時間長，耗電就更多。頻繁開關不僅會增加電費開支，還會影響冰箱的制冷速度。
- 合理使用冰箱，每天減少 3 分鐘的冰箱開啟時間，1 年可省下 30 度電，減少二氧化碳排放約 30 公斤。
- 建議在冰箱門內貼上一張大的無毒透明塑膠布，在開門取東西時，只要掀開塑膠薄膜一角即可。這樣可減少冰箱內冷氣的流失，進而節省用電。
- 冷藏食品時，可以在空層內填滿泡沫塑料塊，因為泡沫塑膠塊使冰箱容積縮小，且不吸收冰箱內冷氣，這樣制冷時間縮短，就能達到省電目的。
- 經常保持冰箱處於無霜狀態。及時給冰箱除霜，可以省電節能，減少二氧化碳排放。
- 蔬菜、水果等水分較多的食物，應洗淨、瀝乾，分別用塑膠袋包好後再放入冰箱。這樣可減少水分蒸發，避免冰箱結霜。

● 食品體積越大,其內部獲取冷量的時間也越長。如果將大塊食品切成小塊,並用保鮮紙包好,可以減少食品降溫的時間,以達到省電的目的。

● 買來的一大坨肉末在放進冰箱貯存時,先壓成扁扁的一片。這樣凍得快,解凍也快,不僅用時方便,而且更加節能。

● 夏季製作冰塊或冷飲最好安排在晚間。晚間氣溫較低,有利於冷凝器散熱,而且夜間較少開冰箱門取存食物,壓縮機工作時間較短,節省電能。

● 用數個塑膠盒盛水,在冷凍庫製成冰後放入冷藏室,這樣能延長停機時間、減少開機時間。

● 食物要解凍,可以在上班前把當天要吃的食物從冰箱的冷凍庫移到冷藏室,或者前一天將食物從冷凍室移到冷藏室,食物就基本化開了。這樣不需要用微波爐耗費電能去解凍,還可以讓冷藏室充分利用解凍食品的低溫節能。

● 冰箱存取食物時即使沒有冰箱照明燈也可看得很清楚時,就可以把照明燈取下來不用。這樣既可以節省一份照明燈的用電,又可以減少因開燈造成冰箱升溫而耗費的電能。

● 冰箱的盛水盤上方,有一個滴水管道,這是冰箱內封閉系統唯一的與外界空氣直接交換的通道。盛夏時內外溫差在 30℃ 以上,泄冷現象不容忽視。可以用一團棉花裹到滴水漏斗上,然後用細繩或膠布將其包起來,防止冷熱直接交流,從而達到省電的目的。

今天就
吃5号吧

Tips

※ 炒菜前，先擦乾鍋裡鍋外的水，可節省一點瓦斯和時間。食用油在加熱時會產生致癌物，並造成油煙污染，先開抽油煙機再倒油。

※ 用微波爐加熱食物時，先將較乾的食品加水後攪拌均勻，用專用器皿加熱，食物水分不容易蒸發，做出來味道佳又省電。

※ 炒菜順序要做好安排，以盡量減少洗鍋，一般不沾鍋底的先炒或味道清淡的先做。

※ 冰箱擺放時左右兩側及背部都要留有適當的空間，至少要 10 公分以上，這樣有利於散熱。一定要採用有接地保護的三腳電源插頭。清潔冰箱時不能用水直接沖洗，以免電路進水。若發現碰到冰箱外殼會麻手，就是漏電現象，要儘快找人維修，以免發生事故。

※ 冰箱安全使用年限為 12 ～ 16 年，超過這個時間，會消耗更多的電，降低效能，更容易發生短路導致電線走火或爆炸等安全問題。

※ 熱的食物應冷卻後再放入冰箱，直接放入會提高冰箱內溫度，增加耗電量，而且食物的熱氣還會使冰箱內結霜沉積。

冰箱收納

● 冰箱內食品間的距離，約 1 公分以上，以利冷空氣對流，減輕壓縮機負荷，比較省電。

● 準備帶色的夾子，快過期的東西就隨手夾上一個做記號；或是冰箱中放置一個專門的小塑膠籃，快過期的東西就放進去，及早食用。

● 冰箱內存放的食物不宜過滿，存放量以占容積的 70%～80% 為宜。一旦塞滿，不但冷凍效果大減，要多耗電，而且東西多了看不清楚，取東西也不方便。

● 依每餐烹調的食材量，用小塑膠籃分裝好，一次只要取一包，可減少冰箱門開啟的時間。

● 在冰箱裡放上小格子、架子，將扁狀物品分層收納，避免雜亂地放在一起互相遮擋。同時，分層也可保護不能壓的食物。

● 把長方型的塑膠盒當抽屜用，將瓶瓶罐罐都放在裡面，要用時抽出盒子，一目了然。清理時，只需左右挪挪就可以擦抹乾淨。

Tips

※ 冰箱內有污物應及時擦拭乾淨，冰箱冷凝器灰塵過多，會影響到制冷效果，隔一段時間要清理。清潔冰箱時，應在切斷電源後再進行。

外出用餐的低碳原則

- 到自助餐餐廳用餐時吃多少取多少，不要暴飲暴食、撐得過飽，避免浪費食物，影響健康。
- 拒絕食用野生或保護類的動植物，為生態平衡盡一份力。
- 儘量不使用免洗餐具，節省使用餐巾紙。
- 不要過量飲酒，飯後要開車的司機絕對不能喝酒。
- 如剩菜需要打包，一定要注意察看餐盒底部是否有標明食品品質安全標示，再看餐盒表面是否光潔，有無雜質或黑點。
- 餐盒一般來說透明的安全係數相對高一點，顏色深的可能使用了廢塑膠，很不安全；還要摸摸餐盒的硬度，是否軟綿綿、輕撕就破裂；再就是要聞聞餐盒有無刺鼻異味。
- 使用餐巾紙時，要看包裝上是否有品質安全標誌和環保標誌。不衛生的餐巾，易傳染疾病，而使用符合環保的產品就是減碳生活。

Tips

※ 如果不得已使用到劣質餐盒打包，千萬要等食物涼了再放入餐盒。回到家中儘快將食物轉移到安全容器中，以免餐盒溶出更多有害物質。更不要用劣質餐盒直接在微波爐中加熱。

Chapter 2

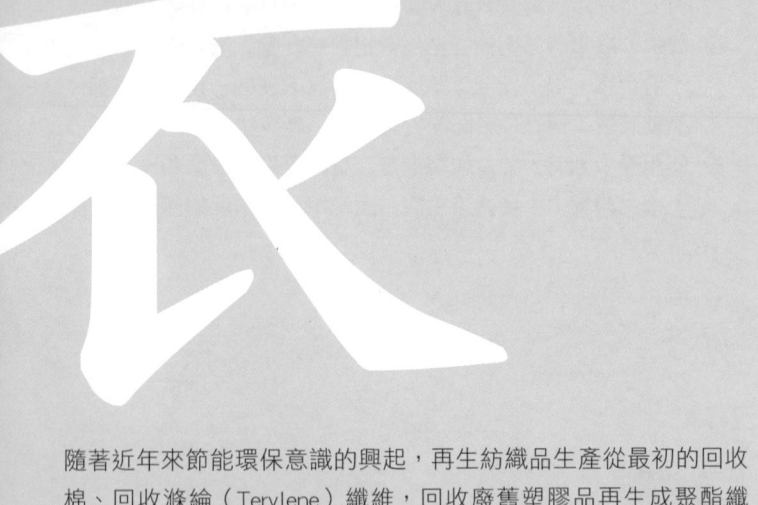

隨著近年來節能環保意識的興起，再生紡織品生產從最初的回收棉、回收滌綸（Terylene）纖維，回收廢舊塑膠品再生成聚酯纖維，到目前已經開發和應用了具有一定功能性概念的再生纖維素纖維、新型材料纖維，正逐步形成實用而普及的環保可回收發展模式。

green-collar

各式常見環保布料

- **有機棉**／有機棉是指用有機肥、自然農法、生物防治病蟲害等方法栽種出來的全天然、無污染的棉花。從種子到農產品，都不能使用任何可能造成環境污染的農藥、化肥等化工產品。

- **彩棉**／是運用現代生物工程技術培育出來的一種獨特的、天然色彩的新型紡織原料，彩棉質地十分柔軟，富有彈性，顏色柔和。如大豆蛋白纖維屬可分解性再生植物蛋白纖維，該纖維具有天然纖維和化學纖維的許多優良性能。其織物具有羊絨般手感、真絲般的光澤和棉的透氣保暖性，親膚舒適，被國內外專家譽為「21 世紀健康舒適型纖維」。

- **莫代爾（Modal）**／是以櫸木為原料的纖維素纖維，能夠自然分解，對人體無害，對環境無害。纖維的整個生產過程中也沒有任何污染。它手感柔軟，光澤如絲綢，吸濕、透氣性能都要優於普通棉，同時又比竹纖維面料更易染色，在重複洗滌後色澤仍然飽滿亮麗，依然能保持原有的光滑及柔順手感。但其織物挺括性較差。

- **有機羊毛**／有機羊毛產自無化學品和無轉基因生物的農場。這些羊群自由放養，完全在自然界中生長。

- **原木天絲（Viscose）**／是一種運動型環保布料，因其特殊的分子結構，就好像在布料表層裝上空氣流通的管道，保證充足的空氣循環量，所以擁有相當好的調濕效果。

- **竹纖維**／從自然生長的竹子中提取出的一種纖維素纖維，具有良好的透氣性、瞬間吸水性、較強的耐磨性和良好的染色性等特性，同時又具有天然抗菌、抑菌、除蟎、防臭和抗紫外線功能。

● **竹炭纖維／**竹炭是一個全新的具有卓越性能的環保材料，竹炭纖維則是運用納米技術、經過高科技加工紡織成型。竹炭纖維具有良好的吸濕性，抗菌除臭性，有防靜電、抗電磁輻射的功能。冬暖夏涼，抗起毛、抗起球效果優良，且易打理。面料手感舒適、保健功能性強。

● **萊賽爾（Lyocell）纖維／**俗稱天絲，是以針葉樹為主的木質漿粕為原料經溶劑紡絲方法生產的一種嶄新的纖維素纖維。它具有棉的舒適性和滌綸（Terylene，聚酯纖維的一種）、毛織物的豪華美感和真絲的獨特觸感及柔軟垂墜，無論在乾或濕的狀態下，均極具韌性。而且相對環保，堪稱為 21 世紀的環保纖維。用這一纖維製成的衣物不僅光澤自然、不縮水，而且透濕性、透氣性好，與棉、羊毛混紡的織物效果良好。

● **甲殼質纖維／**甲殼質纖維是從海洋生物蝦、蟹殼中經一系列加工聚合的高分子纖維，具有抗菌除臭、護理皮膚、保護環境、抗靜電等功能。

● **牛奶絲纖維／**是以牛乳作為基本原料，經過多環節加工成為乳酪蛋白，內含多種氨基酸。而用牛奶絲織造的面料質地輕盈、柔軟、穿著透氣、導濕、爽身。而且防蛀、防黴，易貯藏。

● **Sorona 環保布料／**Sorona 是採用最新的玉米糖發酵生物技術生產的綠色高分子聚合物，其中有 37% 的原料來自天然可再生資源，從而減少對石油資源的依賴性；相同產量的 Sorona 聚合物，與基於石化原料的尼龍聚合物相比，少消耗 30% 的能源，少排放 63% 的二氧化碳。混紡織造的 Sorona 環保面料，手感柔軟，彈性優異，抗汙性能好，顏色鮮豔，耐化學腐蝕，易洗免燙，且染色溫度更低，還可完全自然分解。

低碳衣服

- 一件普通的服裝從原材料到製作成衣，在生產、加工和運輸以及廢棄後的處理等，都要消耗大量的能源，同時產生廢氣、廢水等污染物。如果我們在保證生活需要的前提下，每人每年少買 1 件衣服，可節省 2.5 公斤標準煤炭的能源，可以相應減排二氧化碳 6.4 公斤。

衣服也可以低碳

- 鼓勵夏天穿便裝，男士如非必須就不打領帶。這樣空調的設定溫度夏天可將從原先的 26℃調到 28℃。據統計，僅夏天空調設定調高 2℃，就可以節能 17%。。
- 儘量選擇低碳排放量材料、可回收利用材料製成的服裝。
- 人們的穿衣風格多追求時尚，殊不知大方簡潔、莊重典雅才是永恆的潮流。相比那些時尚花俏的服飾，傳統衣著更舒適、實穿。而時尚也可以用少量的配件作點綴，更顯不俗品味。

舊衣服再利用

- 鼓勵通過修改，增加每件衣服的再次使用率。
- 通過搭配，將每件衣服穿出不同的風格，增加衣服的利用率。
- 如果衣物有破的地方，可以用顏色相近的布塊補綴，或者經修改後穿著，延長衣物使用壽命。
- 將外出時穿的服裝和家居服分開，回家後脫下外出服換上家居

服，以延長衣服壽命。

● 舊上衣的袖子可以做套袖，舊褲子腿可以做護腿護膝，剩下的大塊布可作布墊，小塊布做抹布，布條做拖把。

● 將衣服折疊好，放在衣櫃裡或者掛進衣櫥，以免落上塵埃雜穢。

● 穿舊的內衣洗淨後，剪成合適的大小，可以當抹布，經濟又好用。

● 挑選合適的布料可做為拼布的手工藝材料。

 *Tips*

※ 再生紡織品指將生產中或生產後的可再用廢料回收利用後生產的紡織品。隨著近年來節能環保話題的興起，再生紡織品生產從最初的回收棉、回收滌綸（Terylene）纖維，回收廢舊塑膠品再生成聚酯纖維，到目前已經開發和應用了具有一定功能性概念的再生纖維素纖維、新型材料纖維，正逐步探索並實踐著綠色可回收發展模式。

※ 秋冬兩季加件保暖的毛衣或外套，寒冷季節女性少穿裙子多穿褲子，這樣秋冬的暖氣空調可以只調到 20℃，暨暖和又達到節能的目的。

※ 穿衣時避免濺上油污和泥漬。做飯、工作時穿上圍裙或工作服，保護衣服不被汙損。

※ 由於兒童皮膚嬌嫩，購買兒童服裝要特別注意衣料成份安全問題，一定要買品質好的、無污染、無化學殘留的織品。

要注意衣服中的化學含量

● 紡織品在生產過程中，要添加一些染料、化學助劑等處理劑，這些處理劑或多或少含有會產生對人體有害的物質，如果殘留在服裝產品中並達到一定量後，就可能對人體產生危害。所以買回家的服裝，特別是內衣一定要洗了再穿。

● 標榜具有防汙、排汗、抗菌的衣服，在製作中有可能添加一些化學物質，如全氟辛酸、多溴聯苯醚等，這有可能讓人體攝入，影響健康。

● 服裝的甲醛含量、pH 值、色牢度、可分解芳香胺染料等安全值若不合格，容易引起接觸部位皮膚反應，造成刺激性皮炎和接觸性皮炎。如果處理不當還可能引發細菌感染。

化妝品的選購

選購化妝品要仔細查看包裝、標示標籤、核准號碼，謹防買到劣質產品。化妝品主要靠外包裝和核准號碼識別偽劣。化妝品標籤上應注明產品名稱、廠名、產地，並注明生產企業衛生許可證編號；小包裝或說明書上應當注明生產日期和有效使用期限。對可能引起不良反應的化妝品，說明書上應當注明使用方法、注意事項。

鞋類的選購

● 鞋類生產的溫室氣體效應非常嚴重。氣墊式運動鞋的鞋底一般是墊充了六氟化硫（SF6），這是一種合成的人造惰性氣體，但也是最強的溫室氣體之一，一個 SF6 氣體分子對溫室效應的影響為 CO_2 分子的二萬多倍，同時，排放在大氣中的 SF6

氣體壽命約 3400 年。某著名運動鞋品牌曾在一年內用掉的 SF6，相當於 700 萬噸 CO2，等於 100 萬輛汽車排出的廢氣。

● 鞋類除了橡膠底，還有皮面和各式各樣鞋子的保養品，例如鞋油、鞋粉等產品的生產過程，也是二氧化碳排放的大戶。所以，買鞋貴精不貴多，一雙品質好、舒適、易搭配的鞋子，多穿幾年，比那些華而不實的裝飾類鞋要環保得多。

洗衣有方法

● 洗衣時，可先用少量水加洗衣粉將衣物充分浸泡 10 ～ 20 分鐘。用手洗去比較嚴重的污漬，然後再用洗衣機洗。這樣可縮短洗衣時間，省電省水，清洗得更乾淨。

● 乾洗溶劑中含四氯乙烯是致癌物質，應儘量避免購買需乾洗的衣服。

● 洗衣量適當，用水量適中。若洗滌量過少，缸內水位過高，會減少衣服之間的摩擦，洗不乾淨又加重馬達負擔，白白消耗電能。

● 可以理直氣壯地說，衣服堆滿一桶再洗不是因為懶，而是為了節省水電。

● 一次洗得太多，又會影響洗滌時衣服的上下翻動，不僅要增加洗滌時間，而且會造成馬達超負荷運轉，既增加電耗，又易使馬達損壞。

● 一般而言有無羊毛洗滌功能是檢測洗衣機的從洗乾淨向洗得好進步的標準，這一進步也避免了製衣廠商為了讓羊毛衣物不會縮水，更加耐洗，將其纖維結構破壞，大大降低其保暖性。

● 控制脫水時間。按轉速 1680 轉 / 分（只適用渦輪式）脫水 1

分鐘計算，脫水率可達 55%。只要衣服不滴水，就可手工提前關機取出晾曬，這樣還可減少衣服皺褶。

把洗衣機架高，把洗滌後的水用水桶接起來，可以用來擦地和沖廁。

衣服不多或不大時，洗淨後不要脫水，直接用手擰乾晾曬，減少電能消耗。洗衣機裡的水可以留做他用。

不用洗衣機將衣服脫水，而是讓衣服自然晾乾，可以減少 2.3 公斤的二氧化碳排放量。

一桶含洗滌劑的水連續洗幾批衣物，洗衣粉可適當添加。全部洗完後再逐一漂洗，這樣可以省電、省水，還可以節省時間。

如果每月用手洗代替一次機洗，每台洗衣機每年可節能約 1.4 公斤標準煤炭的能源，相應減排二氧化碳 3.6 公斤。

多用製程耗能較低的洗衣肥皂，少用洗衣粉。

Tips

※ 洗衣機開強檔比弱檔省電。在同樣長的洗滌時間裡，將洗衣機調至弱檔工作，也就是有些洗衣機的「輕柔洗」功能時，電動機啟動次數較多，而電機啟動電流是額定電流的 5 ～ 7 倍。所以說，使用強檔其實比弱檔更省電，且可延長洗衣機的壽命。

※ 手洗衣服其實是一種很好的運動。以站樁的姿勢在洗衣檯前站定，既鍛煉腳力，又可使經常處於緊張狀態的腰部和背部放鬆。雙手同時搓洗衣服，省水省電的同時鍛煉了手指靈活性和左右腦的協調能力。

Chapter3

未來住宅的發展方向將逐步向環保住宅過渡。因住宅的環保設計、節能建築材料和設施的使用，可以大大降低能源消耗。從實際使用面來看，即使一開始的投入成本較高，但入住後將會大大地降低日常生活成本。同時隨著節能環保技術的發展，環保建築的成本也會逐漸降低，讓節能減碳真正普及於大眾住宅。

green-collar

低碳建築，
以上海世博會為例

- 世博中心運用創意地解決了節能、環保和減排等世界性難題，通過美國 LEED 金獎標準預評的公共建築。其外立面石材和玻璃幕牆實現了自然通風和採光。通透的外牆明亮透徹，不僅將周邊景致盡收眼底，也大大降低了建築自身的體量；還採用了太陽能建築一體化、LED 照明、江水源熱交換、冰蓄冷、水蓄冷等多項節能環保技術。
- 主題館有著世界上單體面積最大的太陽能屋面，太陽能板面積達 3 萬多平方公尺，年發電量超過 280 萬度，是四五千戶普通家庭一年的用電量。主題館 5000 平方公尺的東西外牆不再是傳統的玻璃幕牆，而是採用垂直綠化技術的生態綠化牆面。主題館還廣泛應用了新型態的建築節能材料，如立面幕牆體系由複合型保溫金屬板和高效節能安全玻璃相結合，屋頂面板採用保溫隔熱材料和能自動調整透射率和反射率的「智能玻璃」。

倫敦館

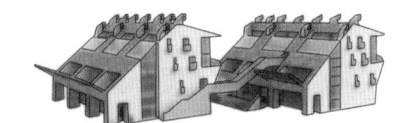

　　倫敦零碳館滙聚各行各業最新節能減排技術，由可再生能源完全支撐運營：太陽能、風能實現能源「自給自足」；將黃浦江水變身為「天然空調」；連剩飯剩菜也可以用於發電。該館還採用了雨水收集系統，最大效率地減少水資源流失。

日本館

披著紫色外衣、長著觸角、被稱為「紫蠶島」的日本館，首次採用了「發電膜」技術，外牆安裝的太陽能電池能夠自主產生能源，實現高效導光、發電。日本館還有一個能夠吸收陽光、存儲雨水、保持空氣自然流通的「循環呼吸柱」，用來降低環境負荷。

瑞典館

瑞典國家館中的「未來生活島——概念廚房」裡，通過幾個微型小孔降壓的混合型水龍頭，可以省水 30％；裝有節能變頻壓縮機的冰箱，能比過去的冰箱節能 70％；而用鋁鋅合金內膽增加熱效率的烤箱則可以省電 40％。倒懸在空中的桌椅和展館四周的彩色管道，用一種顛覆的視角來表現其主題：生活垃圾的可持續處理方案「城市循環系統」，代表了人與人之間各種互利和共生關係。廚房在瑞典不僅是一個家庭生活的中心，同時也承擔了回收淨化保護環境的使命。

加拿大館

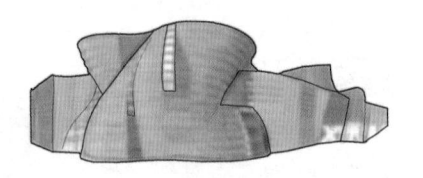

加拿大館外牆表面鋪的是窄窄的紅杉木板。木板之間的縫隙可以為展館透進自然光線。含有清淡香氣的紅杉，無需做防腐等處理。紅杉木板外牆還可以拆卸並重複使用。

漢堡之家

第一個獲得認證的「主動房」。所指的是房內能源產生和回收系統是主動式的由外界攝取而來的。該建築通過地源熱交換提供暖氣、冷氣、通風和除濕，利用太陽能實現能源供應和零廢氣排放。整座建築不需要空調和暖氣，卻能保持室內四季都是 25℃左右的恒溫，其消耗的外部能源只有普通房屋的 10%。儘管漢堡之家的總體建築面積之大位居城市最佳實踐區各大展館之首，但它並沒有從暨有的電力網中吸取 1 度乃至 1 分能源。相反，將其目前分佈在漢堡之家各處的能源系統的產能綜合起來，除自給之外，甚至還有向外輸出的可能。

滬上生態家陽臺

在滬上生態家陽臺裝置了太陽能電池板和屋頂的風力發電設備有效地利用了自然界的陽光和風能；智慧屋頂的設計則確保了房屋的通風和採光可以根據天氣情況而自動調節，盡可能引入自然光和自然風；建築外牆上立體種植的綠色植物和特殊牆磚的應用可以幫助建築物保溫、節能。微藻屏風可以吸收室內的二氧化碳，保持室內空氣清新。

「低技術（LowTech）」是國外最近流行的一個辭彙，指的是工業革命前的傳統手工技術。在上海世博會「低技術」範例比比皆是：城市最佳實踐區的溫哥華館，採用的是最傳統的木結構與混凝土混合形式，這既減輕了建築的整體重量，又提升了房屋的抗震強度和舒適度；意大利館的空調系統則充分利用了經水幕降溫後的「穿堂風」效果，讓展館成了一個天然的空調

房；由藤條編織而成的西班牙館外立面既環保又傳統；由大豆材料構建而成的盧森堡館外部圍幕，都是運用原始材料和傳統技術創造的建築上乘之作。

- 新建住宅的環保設計、節能建築材料和設施的使用，可以大大降低能源消耗。如：使用空心牆和屋頂保溫層，降低室內外的熱交換，降低冷暖氣能源消耗；安裝門窗防風裝置可以減少熱量的耗散；使用雙層玻璃，防止熱量流失，減少能源消耗；使用節能電器和省電燈泡泡，節省電器和照明設備的能源使用。

- 人們嚮往住大房子可以理解，但每人平均居住面積也要適度節制。無節制地追求豪宅，勢必過度佔用自然生態用地和過度耗費能源。大房子的建造會增加碳的排放量，建成後也需要更多的能量來供應冷、暖氣。選擇夠用就好的住宅，既可降低住宅建設成本和購房房價，還可避免過高地消耗建築能源消耗及日常能源消耗，避免過多地排放二氧化碳，更可以節省寶貴的土地資源。

 **Tips**

※ 未來住宅的發展方向肯定將逐步向綠色住宅過渡。從短期看，使用節能減排的一些新技術或者新措施，將使得項目的建築成本擴大 5%，但是從實際消費者的使用來看，入住後將會很大地降低使用成本。而且隨著節能環保技術的發展，綠色建築的成本也會逐漸降低。

住宅裝修的注意事項

低碳裝修

● 提倡裝潢設計的簡約風、天然風。在滿足住宅基本功能性需求的前提下，避免過於複雜裝修，儘量少做改動。因為很多裝飾材料，在生產中會消耗大量能量，少使用這些材料可以避免或減少排碳。

● 減少裝修鋁材使用量。減少 1 公斤裝修用鋁材，可節能約 9.6 公斤標準煤炭的能源，相應減排二氧化碳 24.7 公斤。

● 減少裝修鋼材使用量。減少 1 公斤裝修用鋼材，可節能約 0.74 公斤標準煤炭的能源，相應減排二氧化碳 1.9 公斤。

● 減少裝修木材使用量。減少使用 0.1 立方公尺裝修用的木材，可節能約 25 公斤標準煤炭的能源，相應減排二氧化碳 64.3 公斤。適當減少裝修木材使用量，也就減少了木材加工、運輸過程中的能源消耗。

● 減少陶瓷建材使用量。裝修時使用陶瓷能使住宅更美觀。不過，要減少和避免奢侈裝修的現象。每節省 1 平方公尺的陶瓷建材，可節能約 6 公斤標準煤炭的能源，相應減排二氧化碳 15.4 公斤。

● 利用建築物的物理性能，做最佳設計，增強自然採光、通風、隔熱等，儘量降低燈具、電風扇、空調等的使用頻率，有效節能降耗。

● 充分利用清潔能源，配置使用太陽能、地熱能系統，是低碳裝修的最佳選擇。

● 在整個建築的能量損失中，約 50% 是透過門窗損失的。安裝中空隔熱玻璃不僅可把熱浪、寒潮擋在外面，還能隔絕噪音，降低能源消耗。全部使用特種節能玻璃，可以最少的能源有效保持室內夏季 25℃、冬季 21℃的恒溫。

 **Tips**

※ 推廣使用節能磚，具有廣闊的節能減排前景。節能磚與黏土磚相比，具有節土、節能等優點，是優越的新型建築材料。使用節能磚建 1 座農村住宅，可節能約 5.7 噸標準煤炭的能源，相應減排二氧化碳 14.8 噸。

裝修材料的選擇

● 節能環保是低碳的核心。裝修材料是否環保、節能，不僅直接影響著家居裝修的效果，更關係到人們的身體健康。由於裝修污染危及人們健康的事例已屢見不鮮。一定要選擇環保產品，做到健康裝修。因為健康是人們享受的根本。如果失去了健康和生命，再豪華的房子又有什麼用呢？

● 對於家庭裝修來說，環保只能是有限的環保，而沒有絕對的環保。一是市場上的裝飾材料很難達到絕對環保，二是家飾中很難保證所有的裝飾材料都很環保。實事求是地說，裝飾材料往往或多或少都含有對人體有害的化學物質，只是這種物質的含量或釋放量要低於國家標準。如果消費者們正常使用，或使用面積較小，環保材料確實比一般材料更加安全。但如果消費者

們使用不當或者是超量使用，環保材料同樣會污染室內空氣，從而影響人體健康。

政府對甲醛、VOC、苯、甲苯、二甲苯、游離 TDI、可溶性鉛、鎘、鉻、汞、砷等有害物質及建築材料放射性元素的可釋放量都作了明確的規定。因此，只要裝飾材料符合標準就可以了。在裝修過程中慎選建材，避免劣質產品，就不會對人體健康造成危害。廣大消費者在購買裝飾裝修材料時，盡可能選擇正規大廠生產、專賣店經營、同時經相關部門認證檢測的產品。

最好到有經過認證的品牌產品專賣店去購買，那裡有相應的專業服務，產品價格也有一定的規範。

購買乳膠漆，要注意其環保特性，還要注意其對比率、耐刷度。對比率直接關係著乳膠漆的遮蓋能力，不應小於 0.90，否則，其粉刷功能就大打折扣。

木器漆是室內環境的隱形殺手之一，在漆中常含有過量苯和鉛。苯已經被世界衛生組織確定為致癌物質，鉛可能影響到人體的神經、造血、消化等系統。木器漆的可溶性鉛標準值應不超過 90 毫克/公斤，苯含量應不超過 0.5%。

家庭裝修對人體的危害主要是空氣污染，這些污染源主要有甲醛、氨、苯以及天然石材的放射性元素等，在選購時一定要格外慎重。其中對人體危害最大的主要是甲醛和放射性元素。甲醛主要存在於板材類、膠黏劑類等材料中，其散發性較慢，會長時間積存在室內不能揮發掉。放射性元素主要存在於各種天然石材中，不但看不見、摸不著，而且連聞也聞不到，無色無味，所以一旦超標釋放對人體造成傷害就可想而知了。苯是存在於油漆類材料中的有害氣體，因其揮發快，對人體造成的危害相應小些。

- 溶劑型塗料對環境與人體健康的影響較大，故應選用節能、低污染的水性塗料、粉末塗料和高固體含量塗料（或稱無溶劑塗料）等環保塗料
- 黏膠劑是家庭裝修所必需的一種建材，其品質直接關係到居住人環境的健康。其他建材本身往往也含有膠黏劑，如板材、油漆、塗料等。品質合格的膠黏劑中，游離態甲醛的含量應小於或等於 1g／kg，苯含量應小於或等於 5g／kg。在購買時可以採用鼻聞的方法，如果膠黏劑散發著強烈的刺激性氣味，那麼多半是超標了。
- 購買強化複合地板一要看其甲醛釋放量是否超標，二要看其耐磨轉數。否則影響健康也嚴重影響地板的使用壽命。
- 買馬桶要查水封深度。水封深度不夠，會降低馬桶的防臭能力，這是因為水道中的廢氣會通過不合格的水封逸出，容易產生環境污染，對人身健康有害。馬桶的水封應在 5 公分以上。

冷、暖氣

- 使用各種可再生能源、清潔能源技術，能大大地減少我們在使用冷、暖氣過程中產生的二氧化碳。
- 冬、夏季檢查門和窗邊的縫隙是否密閉。把縫隙堵住可減少屋內的冷、熱流散。
- 空調開機時，儘量設置成強，以快速地調節室溫，達到設定的溫度後再調回到適當強度。一般夏天設定 28℃，冬天設定 20℃左右即可。
- 推廣農村住宅使用太陽能供應空調電力。

環保需要代價

- 傳統的家居裝修已不能滿足人們的居住要求，消費者現在最在意的是安全、舒適。達到環保標準的產品都是當仁不讓的首選。

- 一般來說，因為使用新型環保產品，裝修價格必然要高些，所以說要環保裝修，還需要一定的經濟實力。既便宜又品質好、還環保的裝修確實很難找。但環保家飾絕對會物超所值，因為健康是無價的。

- 裝修不等於造價越貴就越低碳，豪華裝修也可能更加高污染、高耗能，這要看裝飾材料的環保情況。

住宅節能技巧

照明

- 隨手關燈，使用節能電器，不僅省電，還減少污染，可節省相應的電廠燃煤，減少二氧化硫、氮氧化物、粉塵、灰渣及二氧化碳的排放。

- 家庭照明以高品質省電燈泡代替白熾燈可以節省 75% 的電能，還能提高照明效果。以 11 瓦省電燈泡代替 60 瓦白熾燈、每天照明 4 小時計算，1 支省電燈泡 1 年可省電約 71.5 度，相應減排二氧化碳 68.6 公斤。

- 選購省電燈泡或日光燈管時最好選用知名品牌，確認產品包裝完好、標誌齊全，尤其是察看效能標示、平均壽命（通常為

8000 小時以上）、整流器的能效限定值、節能評價值等參數；還要查看其自身功率以及對照光度相近的鎢絲燈泡功率照明；另外在選擇整燈時需注意配件的材質，以耐高溫阻燃的材料為佳；還應留心燈管上螢光粉塗層的厚薄是否均勻，因為這將直接影響省電燈泡的照明效果。

● 儘量把工作放在白天做，提高白天的工作效率，少開夜車。充分利用太陽的光輝是最簡單、最節能、也是最低碳的生活方式。早睡早起有利於身體健康，又非常環保節能。

● 公共照明盡可能採用節能的 LED 燈。同樣亮度下，LED 燈耗電量僅為白熾燈的 1/10，壽命卻是白熾燈的 100 倍。

● 現在都市經常燈火通明，其中有不少能源被浪費掉了。如果全國的戶外景觀燈）在午夜至凌晨時段及時熄滅，那麼每年可省下的電量及相應減排的二氧化碳量將十分驚人。

Tips

1. 省電燈泡或日光燈管最好不要短時間內頻繁開關，因為省電燈泡或日光燈管啟動時比較耗電，而且每開關一次，燈的使用壽命會降低 3 小時左右。

2. 洗手間、廚房、走廊等開關頻繁的場所，不宜使用省電燈泡或日光燈管。這些地方最好用使用感應式聲控開關，以便節省電能。

空調和電扇

- 冷氣機是夏天人們用來降溫的最好幫手，可以調節房間的溫度、濕度和空氣的清新度。但也是耗電量較大的電器。設定的溫度越低，消耗能源越多。

- 選購有節能標章的空調是消費者需注意的重點。有節能標章代表該產品在日常使用中更加的省電。消費者可以按照自己的購買需要選購節能產品。選空調時也要考慮最適合房間大小的噸數。

- 冷氣開機後，可將選擇開關調至高速檔以急速降溫，待溫度下降後再調至適當的強度。使用冷氣時溫度設定在 26 ～ 28℃暨舒適又節能。夏季時冷氣房每調高 1℃，可降低 7% ～ 10% 的用電負荷。

- 選擇空調適宜出風角度：冷氣流比空氣重，易下沉，暖氣流則相反，所以冷氣時出風口向上，暖氣時則向下。空調前方不應有障礙物，否則影響空調出風。

- 在冷氣房裡，應穿短袖，穿西服的改為穿便裝，不紮領帶，就能適當調高空調溫度，而不影響舒適度，還可以節能減排。如果每台空調在 26℃基礎上再調高 1℃，每年可省電 22 度，相應減排二氧化碳 21 公斤。

- 出門前，提前幾分鐘關冷氣，房間的溫度並不會因為空調關閉而馬上升高。一般而言出門前 3 分鐘關冷氣，保守估計每台冷氣每年可省約 5 度電，相應減排二氧化碳 4.8 公斤。

- 室內機組的外殼要經常清潔處理，一般可用清潔的乾布拭擦乾淨或用中性洗滌劑拭擦，絕對不能用水直接沖洗，如果使用布擦拭時也要在斷電後進行。

● 睡覺前將冷氣設置為睡眠模式。有技巧的使用定時器，可達到
　既省電又舒適的睡眠效果。

● 空氣過濾網應定期清洗，否則氣流受阻，造成風量不足，冷房
　效率差。每月清洗一次空調過濾網，可節能 10% ～ 30%。保
　持冷氣過濾網的乾淨還可以防止疾病傳染。

● 室外機組安裝要牢靠，減少振動和噪音。冷凝器的吸、排風口
　前要留有足夠空間以利通風，若風力受阻，會使冷凝壓力升
　高，可能導致停機。

● 窗型冷氣機通風換氣可使用換氣開關，也可以短暫地開窗，但
　換氣時間不要超過 15 分鐘。

● 冷氣機室外散熱器上積灰太多會使效率下降，應定期檢查和清
　理室外散熱器。但要在斷電後進行。

Tips

※　目前，市場上高能效定頻和變頻空調各有優勢。普通家庭如果只是每年
　　夏季最熱的三四個月偶爾使用空調，多花一兩千元買變頻空調未必划
　　算。選擇高能效定頻空調即可，其性能價格比較高；但如果每年使用空
　　調的超過四個月，且每天開機時間也長，以長遠來說，買變頻空調會相
　　對省電省錢，且舒適度好。

※　開啟空調時，確保門窗緊閉。房門不要頻繁開關，以免冷氣流失。玻璃
　　窗最好掛雙層白色窗簾以反射一部分透入的光和熱。

※　冷氣機停機後必須待 3 分鐘後才可再次啟動，以保護壓縮機。

開空調蓋棉被不可取。

- 夏天的下午，室內溫特別高時，可按照 1:6 的比例將醫用酒精和水混合，然後在屋內噴灑一遍。酒精吸熱揮發後不留任何痕跡，房間裡就能頓時變得清涼。
- 夏天出門前，將房間窗戶、窗簾關嚴，只留 1 扇小窗戶通風，可保持屋內陰涼。回家再開空調時可節省電能。
- 晚上關閉空調後，馬上開電風扇，就可以不用整夜開空調，省電近 50%。
- 將冷氣設定在除濕模式下工作，即使室溫稍高也能令人感覺舒爽，且比冷氣模式省電。
- 開冷氣時，將風扇放在冷氣機下打開，可提高冷房效率。溫度下降後，風扇還可起到使冷氣均勻分佈的作用。

- 冷氣開一個小時為 0.621 公斤的二氧化碳排放量，而電風扇每 1 小時的碳排放量只有 0.045 公斤。電扇能直接將電能轉化為動能，最高功率僅 60 瓦，耗電量與普通照明檯燈相當，僅為冷氣耗電量的 5% ～ 10%。

- 要選購高品質的風扇產品。由於風扇行業技術門檻低，市場上產品參差不齊，所以一定要選擇高品質的的產品，一般知名品牌都能夠保證品質。有些風扇全部採用全封閉的馬達和航空潤滑油，這樣風扇運轉時的摩擦會更小，耗電量就更少。

- 電扇的耗電量與扇葉的轉速成正比，同一台電風扇的最快檔與最慢檔的耗電量相差約 40%。在大部分的時間裡，中、低檔風速足以滿足納涼的需要。以一台 60 瓦的電風扇為例，如果使用中、低檔轉速，全年可省電約 2.4 度，相應減排二氧化碳 2.3 公斤。

- 水霧式風扇利用水蒸發會吸熱的原理，比一般風扇的清涼效果更佳，耗電量卻差不多。

- 在房間裡安裝個大吊扇也是個降溫的好辦法。

 **Tips**

※ 夏天還別忘了在家裡備上幾把扇子，摺扇、紙扇、蒲扇、團扇等。早期家庭有電扇的不多，冷氣就更少了。人們多是靠扇子扇涼風，平時出門人們也都自帶一把扇子，走哪兒扇哪兒，是最經濟低碳的清涼秘方。

熱水器

- 給電熱水器包裹隔熱材料。有些電熱水器因缺少隔熱層而造成電的浪費。如果家用電熱水器的外表面溫度很高，不妨自己動手「修理」一下——包裹上一層隔熱材料。這樣，每台電熱水器每年約可省電約 96 度，相應減少二氧化碳排放 92.5 公斤。

- 如果是瓦斯熱水器，要格外注意安全，防止瓦斯洩露。一是瓦斯熱水器要與使用的瓦斯（桶裝瓦斯或天然氣）相適應。二是要選擇檢測合格、品質可靠、售後安裝和維修服務有保障的瓦斯熱水器，並按說明書的要求操作。瓦斯熱水器連續使用時間不要超 30 分鐘。每晚睡覺前最好關閉瓦斯管道上的閥門。平常可用肥皂水或其他發泡劑檢查一下瓦斯管道接頭的密封性。

- 電熱水器和其他家用電器一樣，不用的時候，一定要拔下插頭，避免待機耗電。

- 如果熱水用得多，不妨讓熱水器始終通電保溫，因為保溫一天所用的電，比從一箱涼水燒到相同溫度所用的電還要低。

- 太陽能熱水器最節能、環保，而且使用壽命長。1 平方公尺大小的太陽能熱水器 1 年節能 120 公斤標準煤炭的能源，相應減少二氧化碳排放 308 公斤。

- 瓦斯熱水器長期不用時要關閉瓦斯管道上的閥門，打開熱水器放水閥放去剩水。最好每年請售後服務單位人員上門做一次安全檢查。

電梯

- 電梯給人們的工作和生活帶來了極大的便利，但電梯耗費的電和排放的二氧化碳人們不能視而不見。一台 20 層樓的電梯，連續運轉 1 小時就要耗電 20 度左右，每一層停下和重新啟動都會更耗電。
- 儘量少用電梯，減少消耗能源、排放二氧化碳。
- 有電梯的樓層住宅可以採取奇數層和偶數層隔天輪流停的辦法，比如：星期一、三、五在奇數層停，星期二、四、六在偶數層停，而周日層層停，讓人們也活動活動腿腳，當然特殊情況例外。
- 住在低樓層的，無特殊情況不乘電梯走樓梯；住在高層上下樓時，也可伺機走一段樓梯乘一段電梯；儘量避免單人乘座電梯。
- 如果經常把爬樓梯當運動，那麼在節省用電的同時，自己也得到了健康身心的機會。
- 如果乘電梯時，看見後面還有人，就稍等別人一會，以便同時乘梯，減少電梯運行次數。

 **Tips**

※ 不要把「時間緊」當作乘電梯的藉口。每天可以提早幾分鐘出門，步行上下樓，權當擠出鍛煉身體的時間。

住宅省水技巧

　　珍惜每一滴水，水是人類賴以生存和發展的珍貴資源。現今的「水」患：一是水資源短缺，二是水污染嚴重。水是生命的源泉，保護水源就是保護生命。否則，「未來水比油貴」，甚至於「世界上最後一滴水，將是人們的眼淚」。

省水水龍頭

- 要推廣使用省水設備，加強用水設備日常維護和管理，對不符合省水標準的水龍頭、沖水閥、水箱等排水器具和老化設備，要積極維護或換新。

- 市場上有著各種類型的水龍頭，在購買省水水龍頭時應認明貼有節水標章的省水水龍頭。

- 傳統的螺旋升降式鑄造水龍頭由於密封效果差，容易漏水，浪費水資源，應避免使用。

- 精密陶瓷水龍頭是一種替代螺旋升降式水龍頭的一種省水產品。其瓷芯硬度高，耐磨且密封性好，經久耐用。但是，消費者選購時還是需要注意品質問題，以免花錢又漏水。

- 把普通的淋浴蓮蓬頭換成省水型的淋浴蓮蓬頭，每次洗澡不僅可以節省至少 10 公升水，還可以把熱水淋浴導致的二氧化碳排放量減少一半。

- 延時自閉式水龍頭可以實現定量給水，節省不少用水。

- 感應式水龍頭會在使用者把手移開後自動斷水，這將會節省相當大的水量。使用感應省水龍頭可比手動水龍頭省水 30% 左

右，每戶每年可因此節能 9.6 公斤標準煤炭的能源，相應減排二氧化碳 24.8 公斤。

● 採取垂直密閉和自動關閉技術的新型省水龍頭，具有 20 秒自動關閉、防滴漏等功能，省水率高達 20％～ 50％。

● 由於水龍頭的流量用肉眼很難看出來，而有的產品出水量遠遠高於需要的標準，甚至超出一倍，容易在無意中浪費水。故在購買時認真察看品質檢測報告還是非常有必要的。

洗漱省水小秘訣

● 開關水龍頭不要用力過猛，順勢輕輕轉動即可，不需花很大的勁去擰死。特別是不要把手柄當成扶手來支撐或使用，避免水龍頭損壞漏水。

● 浴缸水龍頭的蓮蓬頭金屬軟管應保持自然舒展狀態，不用時不要將其盤繞在水龍頭上。同時，在使用或不用時，注意軟管與閥體的接頭處不要形成死角，以免折斷或損傷軟管造成漏水。

● 若水龍頭流出的水量小，水位不正常時，表示水龍頭出水口濾網有雜物，可將濾網罩輕輕擰下，清除雜質，清洗後再裝回，即可有所改善。

● 洗澡時要注意省水。抹肥皂、搓澡時，要關閉水龍頭開關，以減少不必要的浪費。

● 淋浴時，腳下放一個接水的容器，收集使用過的水，可用於沖洗馬桶或擦地。

● 一個沒關緊的家庭用水龍頭，浪費水量情況為大漏的話每日 37.44 噸水，中漏每日 14.3 噸水，小漏每日 1.2 噸水，線漏每日 0.7 噸水，同時產生等量的污水排放。

- 水龍頭或馬桶水箱以每秒一滴的速度滴水，35 分鐘能滴滿 240 毫升的量杯，這樣的話一年則要滴掉 36 噸水。
- 不要在未關水龍頭的情況下就去作別的事，如開門迎接客人、接電話等而浪費水。
- 洗手、刷牙、刮鬍子的時候水龍頭不要一直打開讓水一直流，要從小事上節省用水。
- 一水多用說起來容易做起來麻煩，但省水效果明顯。據估算，將洗衣、洗澡、洗漱等生活廢水收集起來，用做沖廁、拖地等，一個小家庭每月可省水 1 噸左右。
- 停水期間，不要忘記關閉水龍頭，以免通水後水漫「金山」。

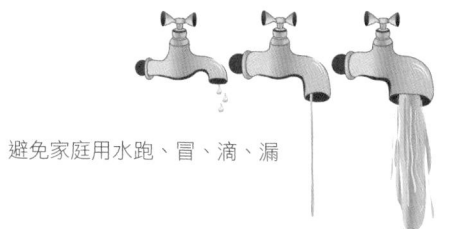

避免家庭用水跑、冒、滴、漏

 **Tips**

※ 有些水龍頭裡安裝有金屬或環保工程塑料的起泡器（過濾網），氣泡較多，能有效地降低流水的響聲，抑制出水量，還不易濺起水花。

※ 洗澡時水溫用不著太高。在某些情況下，冷水浴更有利於身體健康。

小知識 水龍頭沒有擰緊，一個晚上流失的水則相當於非洲或亞洲缺水地區一個村莊的居民日飲用水總量。

馬桶省水

● 選擇省水馬桶應根據建築狀況而定。如果一味追求更小水量的超省水型馬桶，用水量過少可能會造成汙物堵塞在水管裡，或者由於一次沖不乾淨，反而造成要沖兩次的更多浪費，從而與省水的主旨背道而馳。

● 專家建議，在未來一段時間內，還是應該以 6 公升沖水量的省水型馬桶為主。這是世界公認的主流產品，同時也符合目前一般建築系統的管道設置。在新建的獨立住宅中，如果管路經過特別設計，能夠做到迅速排汙，使用更小水量的產品就不會有太大問題。

● 不要把煙頭、煙灰、剩飯和細碎廢物丟到沖水馬桶裡沖掉，應該直接倒入垃圾袋中。

● 在洗手間裡放個容器，盛裝用過的洗滌用水，可留來沖洗廁所。

● 將馬桶本身設計的浮球皮塞子的上提角度降低，由 80 度角減為 45 ～ 60 度角，縮短塞子的下落時間，可讓馬桶沖出的水只相當於原來的 1/5。

● 可以把馬桶水箱裡的浮球調低 2 公分，這樣一年可以省下 4 噸的水。

● 選擇有雙鍵的馬桶或自行 DIY，小便按小鍵，大便按大鍵。

Tips

※ 對一些沿海城市或島嶼，特別是在海邊建設的住宅社區，建設一套用海水沖洗廁所的獨立供排水系統，可節省大量的淡水資源。

廢水再利用

Chapter4

人類從步行到依靠簡單的代步工具，再到現代化的交通工具，「行」發生了重要地變化。現在，交通工具的二氧化碳排放已成為環境污染、地球變暖的主要「元兇」之一，甚至威脅到人類的生存。各種交通工具的排碳量從大到小依次為：飛機、大型汽車、小汽車、火車、摩托車、公共汽車、無軌電車、地鐵、輕軌電車、自行車。讓我們從自己做起，儘量使用低碳的交通工具，實現「低碳出行」。

零排放出行

步行

◉ 步行的好處不僅可以省車錢、省油費，還可省去遇到堵車時的煩惱。更重要的還是可以鍛煉身體，減少疾病，少花藥錢。步行是最低碳，近乎零排放出行。

◉ 步行是人類基本的活動方式之一，被公認為是一種增強體質和免疫系統的最理想的運動方法。

◉ 有規律的步行還能降低血壓；增加血液中高密度脂蛋白膽固醇的含量；增強腿力，預防骨質疏鬆症；改善大腦與中樞神經功能，提高智力水準，預防老年癡呆症等。

◉ 「爆走族」是對步行上下班族的新稱謂。長期堅持步行上下班，可以增強心肺功能，保持良好體形，有助於改善體內自律神經的操控狀態，緩解壓力和解除憂慮，使大腦思維活動變得更加清晰、活躍，提高工作效率，還可防治頸椎病、提高夜間睡眠品質、預防骨質疏鬆等。上班路遠如不宜全程步行，也可以區間步行。

自行車

◉ 自行車是一種很普通又十分便利的交通工具。它除了可以代步，而且還可以負重，是非常好的二氧化碳零排放出行工具。

◉ 騎車或步行代替駕車出行 100 公里，可以省油約 9 升，相應減排二氧化碳 18.4 公斤。

◉ 騎車也是一種非常好的健身運動：能預防大腦老化，提高神經

系統的敏捷性；能提高心肺功能，鍛鍊下肢肌力和增強全身耐力；能使鍛鍊者消耗較多的熱量，達到減肥效使果；還可刺激人體雌、雄激素的分泌，益壽延年。據調查統計，在世界上各種不同職業人員中，以郵差的壽命最長，原因之一就是他們在傳遞信件時常騎自行車的緣故。健康、長壽本身就是低碳生活，省去了多少醫療費用和相關的能源消耗啊！

● 一輛單車，兩隻車輪，假期騎車到郊外旅遊。全身心近距離穿梭於大自然之中，收穫滿眼的沿途風景，燃燒體內的多餘脂肪，呼吸郊外的新鮮空氣，真是不錯的選擇。

● 在上海世博會的城市最佳實踐區內，丹麥第三大城市歐登塞館裡有一幅歐登塞的大地圖，上面標著的紅色線路是自行車專用道路網。從 20 世紀 70 年代開始，當地政府就推行了一系列鼓勵自行車的措施來緩解交通，於是自行車在歐登塞「復活」並流行了起來。這座 20 萬人口的城市中，擁有 40 萬輛自行車。人們騎自行車出行並不是因為買不起汽車，是大家一致認定自行車零碳環保、有益健康，又使人有更多機會相處，所以才滿懷熱情地推廣它。在歐登塞館和丹麥館都還準備了若干輛各種用途的自行車供遊客在館內外免費使用。

Tips

※ 許多城市、景點都有自行車租借業務，去到異地不妨騎自行車旅遊。

其他低碳代步工具

- 有動力裝置驅動，但設計速度、品質、外形符合標準的殘疾人機動輪椅車、電動自行車，是很方便的代步工具。但在非機動車道路內行駛時，一定要遵守交通規則、注意行駛安全。

- 畜力車也不耗費化石能源，但對城市清潔衛生和交通安全有一定的不良影響，故在市區行駛要受到限制。

小知識

早期腳踏三輪車有載人和載貨兩種，這也都是零排放的，非常方便實用。20 世紀上半「駱駝祥子」拉的黃包車，現在也已幾乎絕跡。其實，保留和恢復便捷、低碳的載人工具還是有一定必要，特別是在旅遊勝地、車站碼頭。既方便遊客，又保護環境。在 20 世紀 30 年代還流行一種人力獨輪車，可載 4～6 人，是平民的代步工具。這其實也很低碳。可改進、「復活」，在一定範圍運行。

古代的交通工具還有轎子。轎子分民轎和官轎，有兩人抬、四人抬、八人抬轎等。「官轎」有嚴格的等級規定。據載，明代宰相張居正的轎子多達 32 人抬，辦公並吃喝拉撒全在裡面，可謂「房轎」了。現在轎子已經基本絕跡，只有婚嫁迎娶的「花轎」還在旅遊點招攬遊客。不過現代「轎車」的稱謂還是來源於古代的「轎子」。

公共交通

公車

- 公車載人多、運量大，比自行開車出行節省汽油、減少碳排放，還可緩解城市堵車，減少空氣污染和城市噪音。宣導把乘坐公車作為一種時尚，代替自己開車出行。

- 城市裡設置公車專用道提高了公車運行效率，減少堵車，省了「公車族」出行時間。

- 按照在市區同樣運送 100 名乘客計算，使用公車與使用小轎車相比，道路占用長度僅為後者的 1/10，油耗約為後者的 1/6，排放的有害氣體更可低至後者的 1/16。

- 乘坐公車還可避免醉酒駕車，有利於保護個人和他人的生命安全。

- 坐公車雖然偶爾需要擠車，不如開小車舒服，權且把擠車當作一種身體鍛煉，還減少了開車族容易患的疾病。

- 乘公車比自行開車要省去多少汽油費不說，還可省去停車費等開支。

- 公車系統需要淘汰污染嚴重、效能低下的車輛，遞補的新公車需符合節能環保要求，才能徹底做到環保減碳。

軌道交通

- 軌道交通快捷便利，沒有堵車的煩惱，也不易受天氣的影響，還能減少二氧化碳的排放量。
- 當前人們生活節奏越來越快，出遊或工作的流動性更加頻繁，乘客對城市軌道交通的依賴性也越來越強。多乘地鐵、輕軌等軌道交通工具，少開車，可省燃油、少排放，而且可以減輕城市路面的交通壓力。
- 地鐵載客能力極大，並可根據客流量調整班次，提高運輸效率。
- 軌道交通要完善車站接駁設施，實現地鐵與其他交通方式的順暢接駁，以方便乘客轉乘其他交通工具；並通過加強一系列方便乘客的服務，以吸引更多的人少開車、多乘地鐵。

計程車

- 乘坐計程車，雖然沒有自行開車方便自在，但省去了自行開車保養、停車、保險等一大堆費用，從經濟上來說未必不划算。
- 在等車人多、計程車繁忙之時，併車乘坐也是個好主意。
- 一般來說，坐公車和地鐵更低碳，但是計程車招手即來，比起公車更快捷方便，又比自行開車更節省。而且，計程車還能抵達公車不到或離公車站太遠的地方，在公車早晚停運時仍能出行。
- 現在計程車也都可以電話叫車或提前預約。

汽車

提倡低碳生活方式，並不是一概反對小汽車進入家庭，而是提倡有節制地使用私家車，出行不要完全依賴私家車，提倡多乘公車。

環保車的選擇

● 新能源汽車是指採用非常規的車用燃料作為動力來源，或使用常規的車用燃料、採用新型車載動力裝置，具有新技術、新結構的汽車。新能源汽車包括混合動力汽車、純電動汽車（BEV，包括太陽能汽車）、燃料電池電動汽車（FCEV）、氫發動機汽車、其他新能源（如高效儲能器、二甲醚）汽車等各類別產品。

● 按照經濟部能源局的規定，自 2010 年 7 月 1 日起汽全面實施車節能效率標示，消費者只要簡單判讀、比較油耗標示，就能聰明選購省油好車。

● 家庭用車，要優先選購低價格、低油耗、低汙染、方便停車、同時安全係數不斷提高的小排量車，及時淘汰高油耗和環保不達標車輛。

● 汽車重量越大越耗油，產生的二氧化碳越多。與經濟型的小汽缸車相比，大型 SUV 汽車和豪華汽車排放至少多兩倍以上的二氧化碳。

小知識 越野型汽車安全係數高，但比較耗油。自動排檔汽車的動力傳遞通過液壓完成，在工作中會造成動力損失，尤其是在低速行駛或堵車中走走停停時，油耗更大。

省油節能小撇步

◉ 保持合理車速，不要超速行駛，可減少油耗。一般廠家所設定的經濟時速就是最省油的行車速度。

◉ 避免冷車啟動。適度熱車是個好習慣，但長時間原地熱車會使油耗變大。建議用中低速行駛 2 ～ 3 分鐘的距離來完成熱車的動作。

◉ 減少不必要的引擎怠速時間，是減少溫室效應和節省能源的措施之一。因為怠速非常浪費燃料，影響空氣品質，而且對引擎不好。

◉ 汽車耗油量通常隨排氣量上升而增加。排氣量為 1.3 升的車與 2.0 升的車相比，每年可省油 294 升，相應減排二氧化碳 647 公斤。

◉ 選購混合動力汽車。混合動力車可省油 30% 以上，每輛普通轎車每年可因此省油約 378 升，相應減排二氧化碳 832 公斤。

◉ 在排隊、堵車或等人時，儘量避免引擎長時間空轉。空轉超過 1 分鐘的用油量與啟動一次所用燃油持平，空轉 3 分鐘的油耗可以讓汽車行駛 1 公里。因此，如果需滯留時間超過 1 分鐘，就應該熄火，安心等待。

◉ 選擇合適檔位，避免用低速檔跑高速度。

● 行駛時注意油門配合，保持在經濟時速。試驗顯示，油門踩到底比中速行駛費油 2 ～ 3 倍，所以在行駛中猛起步、猛煞車都是大忌，儘量做到平穩起步。

● 開車時要精力集中，注意觀察前方和兩側的情況，在繁華路段和視線不好的地段要減速行駛，提前做好準備，避免出現緊急情況時煞車。實驗顯示，以中等車速在正常路面上的一次急煞車，輪胎胎面局部磨損量可達 0.91 ～ 1.20 毫米，相當於汽車正常行駛 3000 公里的磨損量。

● 高速駕駛時關閉車窗、天窗可減少風阻，達到省油的目的。當車速超過 70 公里 / 小時，開窗後的風阻會使每 100 公里燃油消耗增加近 1 公升。

● 胎壓要符合標準。汽車輪胎氣量過低或過高都會增加油耗。胎壓過高容易爆胎，胎壓過低會增加摩擦力，比較費油。符合規定要求的胎壓可以降低油耗。如果每個汽車司機都注意給輪胎及時適當充氣，車輛能效就能提高 6%，每輛車每年就可以減少 90 公斤二氧化碳排放。

● 可以的條件下用黏度相對低的潤滑油。潤滑油黏度越低，引擎就越省力，也就越省油。

● 減少車輛負重能省油。每增加 10 公斤負重油耗就會增加 1%，因此要經常整理行李箱，不要把後車箱當儲藏室。不需要的時候，也把車頂行李架和箱子拆下來，因為這些都會使車子的油耗增加 10% 以上。

● 在車窗上配置具有高隔熱性能的隔熱紙，如吸收熱量的薄膜、反光式的金屬薄膜、光譜選擇性金屬薄膜、光譜選擇性陶瓷薄膜等，並在停車後於汽車前後玻璃窗裡面都擺放一塊用反光軟材料做成的折疊遮陽板，可以有效減少因陽光輻射帶來的熱量

進入車內，使車內溫度降低 5 ～ 10℃，有利減少車輛啟動時的空調負荷及燃料的消耗，延長車內空調的使用壽命。

● 啟動車輛上路時，不要急著開空調，先將車窗打開，風扇打開到最大，過一會再啟動冷氣。這樣不但冷氣效果好，還能將車內裝飾物在高溫下揮發出的異味排出窗外。

● 每月少開一天，每車每年可省油約 44 公升，相應減排二氧化碳 98 公斤。

● 順風車，也稱為併車，是指私家車上下班途中在不影響自己行進方向的情況下，順路載他人到達目的地。一般來說，順風車不以營利為目的，只收取少量成本。併車出行可有效減少車輛上路，節省燃油，減少堵車和廢氣排放。

● 出行之前列個單子，把要辦的事情、要買的東西，以及行車路線記好查好，儘量避開交通高峰和不良路段，盡量一趟車就把事辦完。

● 除了必須親自到場的情形外，有些事可以用電話、E-mail、傳真、視訊電話（會議）等方式完成。這樣可以減少很多不必要的出行。

● 在城裡開車，要想省燃油，就要熟悉道路，瞭解單行道，儘量走近路，少走冤枉路。但高峰時段，主幹道會比較擁堵，那不妨繞點道，因為頻頻煞車、啟動反而更耗油。

公交车道

🌲 Tips

※ 汽車車況不良會導致油耗大大增加。做好汽車的日常養護，按原廠提供的保養計劃檢查燃油系統、空氣濾清器、變速器、轉向系統、剎車系統、皮帶、空調、避震器、四輪定位及其他易磨損和破碎的零件，檢測更換老化的線路、油路等部位，使汽車在最佳狀態下安全行駛。這樣還可以減少油耗並減排二氧化碳。

※ 安裝燃料省油器，可使得燃油燃燒更充分，節省 5% ～ 10% 的燃油費用；可減少引擎積碳現象，使引擎功率輸出更加平穩；減少 20% 的有害廢氣排放。

環保與安全

- 各類動力車輛都要符合環保標準才能上路。
- 洗車要儘量省水。洗乾淨同樣一輛車，用水桶盛水擦洗是用水龍頭沖洗的 1/8 用水量。
- 在高溫的天氣下，要防止汽車自燃。在夏日陽光下露天停放的車內溫度會高達 60 ～ 70℃，有些物品放在車內相當危險。必需將打火機、放大鏡、汽油桶、報紙、碳酸飲料等易燃易爆物品帶下車。
- 在郊外或者鄉下停車時，儘量不要在有乾雜草、廢紙堆的地面停放，滾燙的排氣管可能引燃乾雜草或廢紙而導致汽車失火。
- 雨、霧天氣開車，要做到三不：不踩急煞車；不猛打方向盤；不空檔滑行。

雨雪天氣，更應謹慎駕駛

廢氣的危害

● 科學分析發現，汽車廢氣中有上百種不同化合物，當中污染物有固體懸浮微粒、一氧化碳、二氧化碳、碳氫化合物、氮氧化合物、鉛及硫氧化合物等。一輛轎車一年排出有害廢氣比自身重量大 3 倍。並且，汽車不斷消耗著地球的資源，成為無情吞噬石油資源的無底洞。目前，汽車使用的汽油約占全球汽油消耗量的 1/3。

● 在車輛不多的情況下，大氣的自淨能力尚能化解車輛排出的毒素。但眼下已車滿為患，交通擁堵成為家常便飯，汽車廢氣已成為城市空氣污染的元兇。

● 汽車在大量消耗資源的同時，其排放的廢氣會嚴重影響人類健康。汽車廢氣中的一氧化碳與血液中的血紅蛋白結合的速度比氧氣快 250 倍。所以，即使有微量一氧化碳的吸入，也可能給人造成可怕的缺氧性傷害。輕者眩暈、頭痛，重者腦細胞將受到永久性損傷；氮氧、氫氧化合物會使過敏性人群出現刺激反應，患上眼病、喉炎，廢氣中氮氫化合物所含苯並芘是致癌物質，它是一種高散度的顆粒，可在空氣中懸浮幾晝夜，被人體吸入後不能排出，積累到臨界濃度便激發形成惡性腫瘤。

汽車廢氣危害人類健康

摩托車

　　※ 基於環保因素，為淘汰二行程機車，環保署於 2004 年 1 月 1 日起實施之機車第四期排放標準中特別提高二行程機車之排放標準，間接促使國內機車製造廠不願生產銷售二行程機車。又為鼓勵民眾盡早淘汰使用中的二行程機車，除一般廢機車回收獎勵金 300 元外，環保署自 2008 年起額外提供淘汰老舊二行程機車補助每輛 1,500 元。

火車

● 火車旅行的二氧化碳排放量（公斤）= 公里數 ×0.04。

● 盡量乘坐火車出行。

● 在歐洲一些國家正在醞釀一種高速公路上的「公路火車」。公路火車是由 6 ～ 8 輛汽車組成，它們像一節節火車車廂那樣首尾靠近在一起（每輛車之間要相隔設定的距離），遠遠望去，真像在公路上開起了火車。

　　6 ～ 8 輛在目的地相同的前提下組合成的公路火車，無分卡車、轎車、計程車等，由一輛車作為領隊車，其他各輛車通過無線電信號聽從領隊車駕駛員的控制和指揮。公路火車可以實現低碳量排放，因為整個車隊只需領隊車開動動力系統，其他 6 ～ 7 輛車處於被「牽引」狀態，它們的廢氣排放量將遠低於這些車輛單獨行駛時的排放量。公路火車還可以防堵塞、防交通事故，實現高效率行駛！

飛機

● 乘坐飛機的二氧化碳排放量（公斤）為：
　　短途旅行，即 200 公里以內為：公里數 ×0.275；中途旅行，即 200 ～ 1000 公里為：55 + 0.105×（公里數 － 200）；長途旅行，即 1000 公里以上為：公里數 ×0.139。

● 如果從台北乘飛機去北京旅行，來回飛行了約 4000 公里。那麼，本次旅行，僅飛行產生的碳排量就是 556 公斤。需要植 6 棵樹來抵消碳排放量。

 **Tips**

※　用植樹來抵消碳排量只是無奈的舉措，最好是能直接減少碳排量。比如，能坐火車，不坐飛機。用這樣的方式，可以直接減少很多碳排量，也更有益於保護我們賴以生存的環境。

商

辦公室的商務工作,用最多的就是電腦、印表機、各式通訊設備等,加上文書工作的紙張使用,使用習慣的差異將使能源消耗與碳排放產生極大的差異,修正一下工作方式既能節能減碳又不影響效率。

電腦的省電好習慣

- 我們要設定好電腦電源管理設置，儘量減少週邊設備（移動硬碟、遊戲操縱桿、音箱等）的使用，關掉不用的程式和音箱、印表機等週邊設備；少讓硬碟、軟碟、光碟同時工作。

- 適當降低電腦螢幕亮度，既護眼又省電。調低電腦螢幕亮度，每台桌上型電腦每年可省電約 30 度，相應減排二氧化碳 29 公斤。

- 如果暫時不用電腦時，把電腦調至睡眠模式或待機模式。功耗可降低 40%。將電腦顯示器進入睡眠模式的時間設定的分鐘數越少越省電。

- 對機器經常進行保養，注意防潮、防塵。機器積塵過多將影響散熱，顯示器螢幕積塵會影響亮度。保持環境清潔，定期清除機內灰塵，擦拭螢幕，既可省電又能延長電腦的使用壽命。

- 儘量不使用螢幕保護程式，減少用對比度高的桌面，使用單色淡色桌面。

- 用液晶電腦螢幕代替傳統 CRT 螢幕。液晶螢幕與傳統 CRT 螢幕相比，大約節能 50%，每台每年可省電約 20 度，相應減排二氧化碳 19.2 公斤。

- 一台筆記型電腦，比一台桌上型電腦消耗電能要少。

- 用筆記型電腦時非必要，不使用外接設備；關閉暫不使用的設備和介面；關閉螢幕保護程式。

- 筆記型電腦電池的省電方法：調低螢幕的亮度；當不使用無線裝置時，把它關掉；電池使用過程中，儘量進行完全的充放電；避免在很高或很低的溫度下使用電池；為顯示器、硬碟和系統休眠設定待機時間。

● 聰明選擇關機方式：需要立即恢復時採用「待機」、電池運用選「睡眠」、長時間不用選「關機」。儘量不要強制關機（按住開關 6 ～ 10 秒的方法）。

● 若是自己組裝電腦時，要選用低能源消耗的 CPU 及其他設備。

● 一定規模的公司應建立資料中心，通過虛擬化、模組化、雲端計算等技術，以更小的空間、更高的密度，提高資料中心容量，大大降低機房的建設成本、電能消耗和空調能源消耗。

 **Tips**

※　在電腦上設置自動關機時間，以備臨時有事外出，長時間回不來。

※　新的筆記型電腦，鋰離子電池在初次使用時，要進行 3 次完全的充放電，即把電量用完再充電，以啟動電池內部的化學物質，使電池內部的電化學反應進入最佳狀態。在以後的使用中就可以隨意地即充即用，但電池要盡量在 1 個月之內有一次完全的放電。

保護森林，節省用紙，製造 1 噸的紙需要 1 立方公尺的木材。

低碳列印

● 辦公時，印表機、影印機和掃描器等辦公電子設備不要總是開著。需要工作時打開，用完了就及時關上。
● 家庭用戶應使用噴墨印表機代替雷射印表機，減少電力消耗。
● 列印時紙張放置要注意對齊，避免卡紙造成的浪費。
● 將數台電腦串接後共用一台印表機。

紙張精簡用

● 紙張需求量的猛增是木材消費增長的原因之一，紙張的大量消費不僅造成森林毀壞，而且因生產紙漿排放污水，使江河湖泊受到嚴重污染。
● 節省列印用紙，用雙面列印代替單面列印。用電子書刊代替印刷書刊。

- 積極使用再生紙，並大力回收廢紙。使用再生紙，可以減少森林砍伐。以原木為原料生產 1 噸紙，比生產 1 噸再生紙多耗能 40%。使用 1 張再生紙可以節能約 1.8 克標準煤炭的能源，相應減排二氧化碳 4.7 克。
- 我們要逐漸習慣用電子書刊代替印刷書刊，積極使用電子賀卡代替紙質賀卡，減少紙張的消耗。
- 用電子郵件代替紙質信函。在網路日益普及的形勢下，用 1 封電子郵件代替 1 封紙質信函，可相應減排二氧化碳 52.6 克。

通訊無負擔

- 我們要多使用 Facebook、MSN 及 Skype 等即時通訊工具代替紙質傳遞資訊。
- 在長途移動或在電梯等密閉建築空間中，手機電池的耗電量十分驚人。在這種情況下儘量減少使用手機，以減少耗電。
- 新手機鋰電池頭三次先用至自然關機，再用原廠充電器在手機開機時充電到滿，然後繼續保持充電約 1 小時。三次以後平時電池可隨充隨用，充滿即可，滿後續充不要超過 1 小時，否則將損失電池壽命。避免深夜充電（電力網電壓通常偏高），睡覺前拔掉充電電源。
- 充電時打電話不安全，曾有發生爆炸事故的先例。也不要在雷雨中使用手機。
- 把手機調成節能模式，背景燈亮度調暗，鈴聲減小，會更省電。

推行電話、視頻會議

Tips

※ 可以的範圍內，儘量嘗試使用網上銀行、電話銀行、手機銀行及自助設備，實現無紙化業務，選擇電子郵件服務替代紙本通知單、帳單等郵寄信件服務。

※ 如果我們使用的是翻蓋或滑蓋手機，減少翻滑蓋次數，也能省電。

日常辦公的好點子

- 辦理各式審核事項時，減少程序、集中辦理、聯合審核、網上審核等。
- 減少會議頻率，縮短會議時間，推廣電話會議、視訊會議。
- 召開視訊會議可以快速提升資訊流通速度，提高工作效率和管理水準。減少出行，節省差旅費，大大減少碳排放量。
- 推動辦公室節能減碳活動，在辦公環境中實行電量管理。加強辦公耗材管理，減少迴紋針、修正帶、修正液等含苯的物品的使用。
- 實行辦公設備定期維護和保養制度，減少設備損耗，延長使用壽命。
- 淘汰的辦公設備交有關機構統一處理，整理後將能繼續使用的轉給有需要的弱勢族群。
- 為主辦大型活動的大會購買碳指標，抵扣二氧化碳排放，實現碳中和。
- 加強公務車管理，提高公務車使用效率。
- 使用節能空調設備，夏天空調設置應不低於 28℃，冬季設置應不高於 20℃，下班前 30 分鐘關閉空調。
- 在辦公室中推行使用日光燈管或省電燈泡。
- 為洗手間配備省水龍頭。
- 辦公室中增加綠色植物的擺放，既美化環境，又吸收空氣中的化學氣體，保護環境。
- 鼓勵綠地用水和景觀環境用水使用雨水或符合用水水質要求的再生水。

騎自行車上下班

Chapter6

娛

隨著生產力的提高和生產方式的進步，休閒已日益全面滲透到當代人的生活方式、行為方式和消費方式中，成為人的生活狀態的一種主要形式，體現出當代人類物質文明與精神文明。

休閒品質的高低，直接影響到社會的全面進步，影響到個人能否完整、全面、健康地發展自己，同時也成為一個國家的生產力水準高低、社會文明程度高低，以及人民幸福指數高低的尺規。提倡綠色、低碳的休閒生活，發揚人類休閒文化的傳統，讓休閒幫助人類回歸自然、回歸簡樸，減少貪婪狂躁，可以增進社會的和諧、增大人類的福祉。

文化休閒也省電節能

● 買電子娛樂商品要選購環保、高效能的。不要一味求大求新、追趕時髦，動輒就更新換代。對沒有過時，還完全能滿足當前基本要求的配件、週邊，不要喜新厭舊，一直換新。

● 對家中高耗能的舊電視等電器不要吝惜。為節省電能和安全健康，要及時予以更換。

● 聰明使用電視機。每天少開半小時電視，每台電視機每年可省電約 20 度，相應減排二氧化碳 19.2 公斤。

● 看電視不要著迷。哪怕是退休老人，也不要一天到晚看電視。人需要休息、需要活動，用電也要儘量節省。據估算，普通電視機開機 1 小時，排放二氧化碳 0.03 ～ 0.1 公斤。電視機尺寸越大，耗電量越大，排放的二氧化碳就越多。

● 在不影響收視效果的前提下，把電視機亮度和音量調小一點都有節能效果；電視、音響、電話鈴聲最好不要超過 30 分貝。

● 調低電視螢幕亮度，一般彩色電視機最亮與最暗時的功耗能相差 30 ～ 50 瓦。將電視螢幕設置為中等亮度，既能達到最舒適的視覺效果，還能省電，每台電視機每年的省電量約為 5.5 度，相應減排二氧化碳 5.3 公斤。

● 看完電視不要只是遙控關機，應再將電視上的開關關掉，或將插座上的電視電源插頭拔掉。

● 生產一張 CD、VCD、DVD 等 影音製品的碟片排放約 50 克二氧化碳。因 DVD 容量比 VCD 大很多，音效、圖像也好得多，顯然應優先選購 DVD 碟片。

● 一間 KTV 包間連續 4 小時使用，會排放二氧化碳 3.5 公斤以上。

練習唱歌可以到公園、郊外對著青山綠水放聲高歌。

● 據估算電影院放映一場電影，平均排放約 8 公斤二氧化碳。早期露天電影人山人海、趕熱鬧的場面是多麼令人回味，值得提倡。

● 電腦遊戲是很多人的酷愛。但千萬不要鑽進去出不來，把健康透支了。要摒棄和預防不健康的遊戲內容，防止青少年沉溺於電腦遊戲之中，耽誤和影響正常的工作、學習。

● 現在的節價日幾乎所有家庭都盯著電視，卻沒有情感交流。好不容易團聚的全家人，可以嘗試關掉電視，在一起聊聊家常、敘敘舊、自娛自樂、交流情感！

● 使用充電電池的 MP3 播放器時，每個月至少有一次將電量全部耗盡，再充滿，這樣能保持電池活性，延長它的使用壽命。節省電池的方法還有善用播放列表功能，把喜歡的歌曲做成列表，可方便操作；調整背光時間，定在 10 秒左右比較適合節省電能；保持播放器涼爽，少用皮套、海綿套套住，保持在 25℃左右最為適宜；適時鎖定播放鍵，防止誤操作造成電源白白浪費。

文化娛樂最低碳

◉ 書法、繪畫是非常有益於身心的高雅休閒活動，有利於培養藝術素養、陶冶情操、提高文化素養，繼承發揚中華民族的文化傳統。書法繪畫對孩子來說還可幫助他們訓練手指、手腕和手臂的協調性和靈活性，促進大腦的生長發育，還有益於意志的鍛鍊，培養細緻耐心、認真的良好學習習慣；對老人來說更是一個開闊視野、豐富精神世界、延年益壽、防止老年癡呆的休閒養生活動。

◉ 傳統的群體遊戲如老鷹抓小雞、跳方格、丟手絹、跳橡皮筋、躲貓貓等活動，比起新式的電動、電子玩具，另有一番樂趣，更可增強團結友愛精神。

◉ 釣魚是一種充滿趣味，充滿智慧，充滿活力，有益身心的活動。懷著對大自然的熱愛，對生活的激情，走向河邊、湖畔、魚塘，遠離城市的喧鬧，享受生機盎然的戶外生活情趣，領略賞心悅目的湖光山色，是多麼愜意啊。即使沒有釣到魚也是一種修身養性。

◉ 在和煦的陽光和春風裡放風箏，可以仰望藍天，舒展筋骨，盡情地呼吸新鮮的空氣，使人情緒開朗、心境愉悅，健腦健身。還可以調節和改善視力。

◉ 圍棋、象棋、跳棋、撲克等各種棋牌活動，都是最低碳的休閒，而且有利於鍛鍊智力和心理素質、加強人際交往。

◉ 麻將是集益智性、趣味性、博弈性於一體的獨特的智力遊戲，魅力及內涵豐富，底蘊悠長。流行範圍涉及社會各個階層、各個領域。要將麻將發展成為一項智力健身運動，但要避免將麻

將作為賭博工具，走偏方向，玩物喪志。

- 當前開始流行桌上遊戲。桌上遊戲本泛指包括棋牌類的桌面遊戲，但目前則是特別指從國外引進的、發源於德國的一項腦力運動。桌上遊戲有一個好聽的別稱——不插電遊戲。雖然不插電，卻有著網路遊戲的特點，是一種面對面的、非常強調交流互動的遊戲，而且更純粹、更質樸。

 **Tips**

※　閒暇時到公園、社區參加唱歌、跳舞活動，在提高藝術修養和技能的同時不僅能獲得愉悅，還可健身、交友，讓生活更加歡樂美好。

※　釣魚、放風箏時千萬要避開電線、高壓線。

※　下棋玩牌都千萬不要「較真」動氣，也不可過於癡迷不顧身體。

體育休閒最健康

散步、跑步、攀岩

- 散步、跑步是鍛煉身體的最簡單易行的方法。要選擇環境好、空氣品質好、安全性好的地點和時段進行鍛煉。

- 健身房的電動跑步機固然有一定的優越性，但畢竟還是耗電的，室內空氣也不如室外清新。如把在電動跑步機上 45 分鐘的鍛煉改為到附近公園慢跑，可以減少將近 1 公斤的二氧化碳排放量。

- 爬樓也是一種健身方式。許多人往往有電梯依賴症，為了低碳還是改變這習慣吧，邁開雙腿，儘量少坐、不坐電梯，步行上下樓。

- 登山攀岩是跟大自然最為親密的一項戶外運動。在生活節奏緊張之餘，走出空氣污染嚴重的都市，去登高望遠，既可以放鬆心情、欣賞大自然的美景，又可以強身健體、呼吸新鮮空氣，還可以挑戰自我、鍛煉意志。但是一定要有安全措施，攜帶必要救援設備，不可貿然出行。

與大自然親密接觸

球類運動

● 各種球類，籃球、排球、乒乓球、足球、棒球、羽毛球、網球等，都是人們喜聞樂見的運動方式。應因地制宜，大力推廣，在健身強體的同時還可通過群眾體育活動促進專業競技體育的提高和發展。

● 近年興起的柔力球是一項太極化的球類運動，其不受場地和氣候限制，可以滿足不同層次，不同需求鍛煉者的需要，適合單人、雙人及多人健身、表演和競技比賽。

● 搥球場地一般設在室外，對設施要求不高，是一種適合大眾的運動項目。其不但規則簡單、輕鬆有趣，可以運動四肢，還可以激發腦力、聯絡感情、起到娛樂作用，是目前時下最經濟實惠、男女老少均可參加的健身運動。對隊員人數要求也比較靈活。搥球高水準者可以參加競技比賽。

游泳

● 在江河湖海裡游泳是項與大自然肌膚相親的體育運動，對身體的好處眾所周知：加強人體適應溫度變化和抵禦寒冷的能力、大大增強心肺功能、還可塑體補鈣護膚，等等。而且，我們生活在一個 3/4 充滿水域的球體，游泳不單只是一項體育項目，更重要的是它還是我們生活中不可或缺的一項技能，是在特殊情況下對我們生命的保障。

● 不要到飲用水水源的水庫和危險的水域游泳。

　　※ 到游泳池游泳要講衛生，愛惜泳池清潔。

　　※ 在海裡游泳要注意安全，遠離危險區域。

　　※ 不要在沙灘隨便丟棄垃圾。

太極拳

⬤ 太極拳等太極武術是中國優秀傳統文化的重要組成部分，歷史悠久，博大精深，源遠流長。

⬤ 太極拳的動作舒展大方、緩慢柔和、剛柔相濟，是一種柔和的有氧運動，對健身養生有著特殊的功效。太極拳以意念引導動作，符合人體的生理保健要求，能促進人體的新陳代謝、保持神意和心情的平靜、自然，更可助增加身體的柔韌性和協調性，有益於提高免疫力，強身健體，延年益壽。

⬤ 太極劍是太極拳運動的一個重要內容，它兼有太極拳和劍術兩種風格特點，一方面它要像太極拳一樣，表現出輕靈柔和，綿綿不斷，重意不重力，同時還要表現出與一般劍不同的瀟灑飄逸、形神兼備的劍術演練風格，動作既細膩沉穩又優美大方，具有技擊、健身的同時還有很高的欣賞價值。

● 以「太極魚」為扇面的太極扇是一種風格獨特的武術健身項目。扇的揮舞動作融合了太極拳與其他武術、舞蹈的動作，剛柔並濟、可攻可守，充滿了飄逸瀟灑的美感與武術的陽剛威儀，是同時具有觀賞性及藝術性的健身運動。經常習練，可以收到祛病健身、延年益壽、陶冶情操的功效。

瑜伽

● 「瑜伽」這個詞，是從印度梵語而來，其含意為「一致」、「結合」或「和諧」。瑜伽是一個通過提升意識，幫助人們充分發揮潛能的哲學體系，也是一個在該哲學體系指導下的運動體系。

● 瑜伽這個非常古老的、幫助人們協調身體和精神的修煉方法，在印度經過了幾千年的傳承，現經歐美改革創新後又流傳到了中國。正確練習瑜伽可以減肥、排毒、減壓、修正脊背、滋養內臟、放鬆身體、純淨心靈、延緩衰老等。

旅遊休閒也低碳

　　旅遊休閒越來越普及，已成為人們重要的生活方式。在旅遊活動中，要儘量降低二氧化碳排放量，做到環保旅遊、低碳旅遊。

交通工具

- 到城近郊區遊覽，儘量乘公車出行，能騎車的還可以騎車去遊覽。騎車的優越性在於，既鍛煉了身體，又做到了無碳出行。
- 到外地旅遊時，儘量首選乘坐火車而不是飛機。乘坐汽車盡量乘坐公車大巴而不是自行開車。自駕遊則可採取拼車的方式，充分利用車位，也可節省費用。在旅遊目的地，可以租借自行車，騎自行車遊玩。

住宿

- 出門旅遊優先選擇有省水、節能設施的民宿或環保旅館，優先選擇室內全面禁煙的住宿環境。
- 小規模酒店或青年旅館等，雖然僅能提供最基本的設施，但也意味著可以消耗更少的資源。
- 自帶牙刷、牙膏、拖鞋等必備的生活物品，減少使用只供單次使用的用品以節省資源。
- 提倡環保住宿，不要每天更換床單被罩等，因床單、被罩等洗滌要消耗水、電和洗衣粉，而少換洗一次，可省電 0.03 度、水 13 公升、洗衣粉 22.5 克，相應減排二氧化碳 50 克。
- 住旅館、飯店雖然不用另外交水電費，但仍應秉持省水省電的原則。如洗澡不要把水龍頭開到最大沖個不停；睡覺和出門要

把電燈、電視關掉；空調適當控制，夏天不低於 28℃，冬天不高於 20℃。

- 避開熱門景點或過度開發的旅遊地，避開旅遊旺季和公共假期。因為旺季旅遊會增加環境的負擔，而且個人花費也要大大高於平時的費用。

愛護景區環境

- 在景區行走時要走在已有的路徑上，成一路縱隊，不要多人並行，避免任意走出新的路徑，或造成路徑變寬，破壞草地。
- 在沒有現成道路的情況下，步履要輕，盡可能避開植被和潮濕、鬆軟或脆弱的土壤。如果是植物區，就分散著走，不要成一路縱隊，減少對地表或植被的傷害。
- 保持旅遊過程中的環境清潔、垃圾減量與資源回收，不隨意亂丟垃圾。收集所有的廢棄物（包括食物殘渣），帶到有垃圾桶的地方再丟棄。
- 購買小商品時優先選擇可回收材料製作的紀念品，來支持循環經濟。

虛擬旅遊

- 虛擬旅遊是一種建立在現實旅遊景觀的基礎上，通過三維實景與電子地圖結合，在網路上構建出一個虛擬的旅遊環境。你不用去風景區，就可以與心儀的景點合影；不用攝影師，就可以讓數位照相機為你拍照，讓你身臨其境。由於多種原因，如省錢、省時間、更低碳，虛擬旅遊已越來越受到網友們的歡迎。

循

「Recycle」（回收再生）是世界性的潮流和時尚。全球性的生態
危機使人們不得不考慮放棄「牧童經濟」，而接受「太空船經濟」
觀念。前者把自然界當做可隨意放牧，隨意扔棄廢物的場所；後
者則非常珍惜有限的空間和資源，就像太空船上的生活一樣，周
而複始，循環不已地利用各種物質。

回收各種廢棄物，就能將垃圾變成資源。舊物巧利用，等於讓有
限的資源延長壽命。這也是我們實行低碳生活最要緊的任務之一。
一定要重視廢棄物的剩餘價值利用、重複利用、循環利用。

少使用化學清潔用品

- 常用的廚房、浴廁清潔劑大部分具有腐蝕性的強酸、強鹼，並有損傷呼吸系統的揮發性有機溶劑，有的還含有致癌、導致畸型兒等毒性物質。因此，家庭中的清潔活動，竟然成了河川最大的污染源之一。

- 化學合成清潔用品大多含有石化系列的介面活性劑，這些化學物質不易在自然環境中分解，會影響各種水生動植物的正常生存，還可能透過食物鏈回到人體，影響我們的健康。

- 選擇安全、對環境友善的清潔用品，如小蘇打粉、白醋、茶籽粉、檸檬酸及肥皂等洗滌用品，不但可以守護健康，排入河川較易分解，還可以保持河水清清，魚兒悠遊自得。

 **Tips**

※ 減少和拒絕使用如化學殺蟲劑、化學清潔用品等對環境及健康不友善的產品。採用一些傳統簡便有效的「土」辦法，可減少化學洗滌劑用量和用水量。

清潔、保養小竅門

- 擦門窗玻璃時，把洋蔥去皮切成兩半，趁洋蔥的汁液還未乾時，用其切口摩擦玻璃，再迅速用乾布擦拭，這樣擦後的玻璃乾淨又明亮。
- 污垢或油垢多的地方，可以先用喝過的茶葉包沾點食用油塗抹一遍，再用帶洗潔劑的抹布擦拭，即可輕鬆去汙。
- 要去掉地面油污，可以倒上一點醋再刷洗，即可見效。
- 刷子上擠適量的牙膏，然後直接刷洗瓷磚的接縫，再把蠟燭的蠟輕輕地塗抹在瓷磚接縫處，可以使瓷磚接縫處不易沾染上油污，減少洗潔劑的用量。
- 臉盆、浴盆、馬桶等形成的黑色黴菌，可以用檸檬皮擦洗。
- 清除茶壺口的水性污漬，可以用蘿蔔根、不要的黃瓜頭尾擦拭。
- 清洗玻璃瓶罐時，可將碎雞蛋殼從瓶嘴裝進去反復搖晃，就能清潔毛刷刷不到的地方。這樣既經濟實惠，又可以避免環境污染。
- 處理不銹鋼廚具表面油漬，只需在其表面撒上少許麵粉，再用廢舊軟塑膠或布擦，即可光亮如新。

 **Tips**

※ 不銹鋼漬跡處，用做菜切下的蘿蔔頭反復擦拭，便能除去。如果漬跡產生的時間已久，在蘿蔔頭上再沾些去污粉，效果很好。

- 麵條湯、水餃湯有一定的去油污作用，可用來洗刷碗筷，以減少洗潔精對水質的污染和在人體內的蓄積。
- 瓦斯爐具沾上油污後，可用黏稠的米湯塗在灶具上，待米湯結痂乾燥後，用鐵片輕刮，油污就會隨結痂的米湯一起除去。如用較稀的米湯、麵湯直接清洗，效果也不錯，可減少洗滌劑和水的用量。
- 清洗油性污垢，先用麵粉兌上小蘇打，攪拌均勻塗在污垢處，就會很容易去除。
- 每天的淘米水可以用來洗手、擦傢俱，乾淨衛生，自然滋潤。
- 用陳玉米麵洗碗、吸油，不傷手，而且容易沖洗乾淨，既可減少洗滌劑用量，又可節省用水。
- 拆封後久置的紙巾不宜再用時可以積攢下來，擦拭抽油煙機等，既乾淨又方便。
- 殘餘茶水不僅可以澆花促進植物生長，還可以用來擦洗木、竹桌椅，使之更為光潔。
- 淘米水去污力溫和，可用來洗菜、澆花或洗碗。淘米水泡乾貨如海帶、甘筍、墨魚等，不但更易泡漲、洗淨，而且可以使食品很快煮熟、煮透，節省用水用電。
- 將過期的茶葉用敞口小容器盛放擱置在冰箱裡，可以吸附各種異味。如果雙手有異味，也可以將過期茶葉放在手上搓一搓，同樣有除味的效果。
- 電鍋、電熱盤、電磁爐上容易附著油漬汙物，時間長了就會炭化成膜，影響導熱性能，增加耗電。所以要及時清潔。
- 電水壺的電熱管積了水垢後要及時清除，這樣不但能提高熱效率，延長使用壽命，而且還能節省電能。
- 吹風機在擦乾頭髮後再用，可以節省吹髮時的耗電量，吹風機

也需要定期清潔。

- 燈具在使用一段時間後，表面會積許多灰塵，這樣會影響燈具使用壽命和發光效率，所以也要定期擦拭打掃。

減少廢棄，垃圾分類

- 全世界城市生活垃圾的年增長速度高達 8.42％，全世界每年生產垃圾 450 億噸左右。
- 盡量少用紙巾，減少紙巾垃圾。用手帕代替紙巾，每人每年可減少耗紙約 0.17 公斤，節能 0.2 公斤標準煤炭的能源，相應減排二氧化碳 0.57 公斤。
- 將廢舊報紙鋪墊在衣櫥的最底層，不僅可以吸潮，還能吸收衣櫃中的異味。
- 廢舊報紙還可以供初學者用來練習寫大字、畫水彩畫。
- 提高列印效率，減少列印的廢品、次品，減少垃圾。
- 廢舊電池中含有汞、鎘、鉛、鋅和鉻等對環境和人體有害有毒的金屬，必須單獨存放和回收處理，希望每個人都能重視起來，絕不能不負責任地隨便丟棄在自然界。
- 減少使用免洗塑膠製品，避免難以分解的塑膠垃圾造成環境污染。
- 變質的飯菜不要一扔了事，可以埋起來做肥料。過期的糧食也別浪費，可以餵戶外的小鳥。
- 購買大瓶裝牛奶和飲料等，減少小容量包裝的垃圾。
- 垃圾分類有利於垃圾的處理和回收垃圾中寶貴的資源。垃圾混裝是把垃圾當成廢物，而垃圾分類是把垃圾當成資源。混裝的

垃圾被送到填埋場，侵佔了大量的土地，分類的垃圾被分送到各個回收再造工廠，不佔用土地。混裝垃圾無論是填埋還是焚燒都會污染土地和大氣，而分裝垃圾則會促進無害化處理，同時減少填埋和焚燒垃圾所消耗的能源。混裝垃圾增加環保部門的工作，分類垃圾只需我們的舉手之勞。

● 將家裡的廚餘垃圾、廢棄物、廢紙、塑膠品、包裝盒、電子垃圾等分類存放。廚餘垃圾、廢棄物按垃圾箱上的說明分別投入；廢紙、塑膠品、包裝盒、電子垃圾等積攢起來可以賣廢品。即使自己不賣廢品也要分好類再扔，以便別人回收資源。

● 社區和工作場所都要安置存放不同物品的分類垃圾箱，供分頭收集送來的廚餘垃圾、廢棄物及可回收品等，再分類送到垃圾站，集中回收再利用，實現資源循環再生。

● 校園內用紙量巨大，應設置回收箱對廢紙加以回收利用。

● 對醫療廢物及其他有毒有害廢物一定要嚴格遵循有關規定進行銷毀或其他妥善處理。

垃圾的分類

Tips

※ 延長電池使用壽命：正在使用電動刮鬍刀或是收音機，突然電力不足，而手頭又無新電池更換時，可以取出電池，用力擠壓之後可再使用一點時間；不用的乾電池裝在塑膠袋中放入冰箱長期保存；快沒電的乾電池，可以放於太陽下或暖氣片溫烤 0.5～1 小時；手電筒內電池不用時反轉放置，可以減慢電池自然放電。

回收資源，循環利用

- 用再循環材料製造的產品，比起用原始材料製造的產品，一般消耗的能源較少。例如：使用回收鋼鐵生產的產品所消耗的能源要比新生產的鋼鐵少 75%。

- 鋁製易開罐再製鋁，比用鋁土提取鋁少消耗 71% 的能量，減少 95% 的空氣污染。據悉，1 公斤鋁的重新利用可以避免 11 公斤二氧化碳的排放。

- 廢玻璃再造玻璃，不僅可節省石英砂、純鹼、長石粉、煤炭，還可省電，減少大約 32% 的能量消耗，減少 20% 的空氣污染和 50% 的水污染。回收一個玻璃瓶節省的能量，可使燈泡發亮 4 小時。

- 紙和紙板等有機材料進行循環再利用好處多。回收 1000 公斤廢紙能生產 800 公斤的再生紙，可以少砍 17 棵大樹，節省 3 立方公尺的垃圾填埋場空間，還可以節省一半以上的造紙能源，減少 35% 的水汙染，每張紙至少可以回收兩次。辦公用紙、舊信封信紙、筆記本、書籍、報紙、廣告宣傳紙、貨物包裝紙、紙箱紙盒、紙餐具等在第一次回收後，可再造成紙，印製成書籍、稿紙、名片、便條紙等。第二次回收後，還可製成衛生紙。回收廢紙，等於再造林木資源，還可避免從垃圾填埋地裡釋放出來沼氣。

- 不少廢塑膠可以還原為再生塑膠，而所有的廢塑膠——廢餐盒、食品袋、編織袋、軟包裝盒等都可以回煉為燃油。1 噸廢塑膠至少能回煉 600 公斤汽油和柴油，難怪有人稱回收舊塑膠為開發「第二油田」。

- 將多餘或不用的物品和電器集中起來，通過交換、捐贈和朋友間低價認購的方式達到重複利用的目的。
- 愛惜使用教科書，避免在上面亂寫亂畫，可提供給下屆學生重複使用，提高舊書使用率，以大幅度降低校園教材耗費量。減少一本新教科書的使用，可以減少耗紙約 0.2 公斤，節能 0.26 公斤標準煤炭的能源，相應減排二氧化碳 0.66 公斤。
- 再生水，即城市生活污水經簡單處理後達到了一定標準的、可

回收鋼鐵生產的產品所消耗的能源要比新生產的鋼鐵少 75%。

小知識

利樂包的消耗量特別大，回收效益也最大。它在完成包裝的功能後，能夠「廢而不棄」，被加工做成文具、桌椅、建築材料等，但目前這種紙盒子往往和各種生活垃圾混在一起，送到垃圾處理廠被直接銷毀，再回收利用率基本上等於零。這是值得有關方面重視的。

在一定範圍內重複使用的非飲用水。再生水可以用作沖洗廁所、洗車、綠化用水、農業灌溉、工業冷卻等。

● 全球每年畜禽養殖生產排放的糞便多達數百億噸，若作為原料投入沼氣池生產沼氣，可以大幅度減少天然氣的使用。

● 廢棄的電視機、空調、電冰箱、洗衣機、家用電腦等產品已成為常態型回收、拆解、利用的資源。

開學贈書活動

廢物利用小創意

● 將雪碧、可樂之類飲料瓶可以做成漏斗、筆筒、灑水壺等。

● 用包裝帶編菜籃子，廢光碟等材料做裝飾品，紙杯子做相框等，這樣既環保又廢物利用，還美化了居室，減少了污染。

● 將用剩的小塊肥皂用水稍微泡一下，就可粘在一起使用，循環往復，也是一種節省。

● 將裝過食品的玻璃瓶洗淨當做收納瓶。

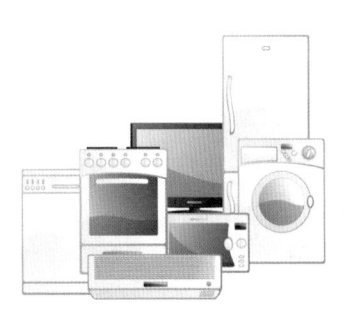

等待回收拆解的廢
電器電子產品

小知識 草磚是由金屬網將稻草或麥秸稈緊緊捆紮而成的，具有良好的隔音、隔熱、保溫效果，是綜合利用的好項目。

green-action

低碳生活需要每一個人身體力行，
同時還需要大家將「低碳」作為公益活動，
去廣泛宣傳。
平時多參加社會的低碳公益活動，
對需要幫助的人伸出援助之手。

低碳生活
全體動起來

PART 3

低碳宣傳，

我們每個人，
不僅是在日常生活中實行低碳，
做到低碳生活，
更要在自己的工作上，
為實行低碳社會而努力。

green action

宣傳

　　要做低碳生活的先鋒，就不僅是自己要實行，還要主動宣傳低碳的理念、方法和竅門。因為多一個人實行低碳，就多一份愛護地球的力量。

- 不僅要在小家庭內，還要在大家庭內，在社區，在親朋好友中間宣傳，在公司宣傳，在網上宣傳，在社會上宣傳。

- 不但平時要宣傳，還要重視、利用一些有影響的紀念日來擴大宣傳，如地球日、低碳日、環保日、氣象日、科普日等。

- 要向普通群眾宣傳，向孩子們宣傳，還要監督政府有關部門的相關政策的制定與執行。

Tips

※　要做好宣傳工作，不僅要有對地球的愛心、靈活有效的方法，還要有愚公移山堅持不懈的毅力，才能感動「上帝」，帶動全社會。

政府部門

● 公民實行低碳生活，政府要發揮引導的功能。政策的引導是實現低碳生活的根本保障。政府要制定低碳發展的長遠戰略和低碳環保路線圖，制定一系列鼓勵科技創新、節能減排、可再生能源和清潔的能源使用的政策和限制溫室氣體（如 HFCs）排放的法規，制定減免稅收、財政補貼、政府採購、環保信貸等措施，做好應對碳關稅衝擊的準備，引領和助推低碳經濟的發展，並推動全民低碳生活走向健康軌道。

● 由於消費者對價格非常敏感，細微的價格變化就可能引起消費行為的巨大改變。政府及時制定相關政策，為新能源、小排氣量汽車、高效能家電、省電燈具等低碳產品提供補貼，縮小其與普通產品的價格差距，有利於促使消費者明智地選擇低碳產品。

● 政府應廣為宣導推廣自行車文化。在道路修建、交通規則制定和道路管理方面，做出大量特殊設計和規定，以利於自行車的推廣，保護騎行者的安全。如自行車專用車道與交通主幹道隔離，嚴禁汽車駛入；交通管制燈號的變換頻率應按照自行車的平均行駛速度設置，使騎行者一路綠燈暢行無阻；自行車停車場和停車設施應隨處可見，等等。

● 政府多宣導公車出行，完善發展公車的有關法規，對公車企業公車資訊的透明化、同步化、便利化等便民服務，以方便民眾公車出行。如要求公車企業在公車身內外要明顯標注公車資訊等。還要宣導各大型公眾場所及各有關單位要張貼公益性的公車指示圖等。

● 政府對城市建設要做出長遠和科學的規劃，對建築工程的品質及建築最低使用年限要做出明確要求，以避免房屋建築短壽，或動輒拆遷重建，造成資源和能源的大量浪費、環境的嚴重汙染。

● 任何一個產業或者行業低碳經濟的落實，離不開標準的支撐和支援。只有制定了明確的標準體系和要求，發展認證事業，低碳經濟的發展才會有「規則」，低碳生活才有保障。政府要加快制定各類產品的品質標准、環保標準，避免消費者無所適從的現象。還要改變有些認證，如紡織品標準檢測對「再生」、「有機」的認證。

● 政府除了要鼓勵低碳，還應該打擊高碳。比如對購買奢侈型、高碳排的消費品加征消費稅。

● 政府自我監督，做好節能減排工作，發揮其在全社會節能減排工作中的表率作用。

專用車道讓低碳出行更便捷

● 政府要儘快制定有關產品碳標籤的法規，要求企業把商品在生產過程中所排放的溫室氣體排放量在產品標籤上標示出來，以便消費者根據產品的碳標籤來選擇商品，促進低碳產品的發展；並指導企業積極應對國外的碳壁壘。

● 政府對經濟的考核不能只看 GDP，要提倡環保 GDP，注重加強資源節省型和環境友好型社會的建設，關注民生問題，提高人民生活幸福指數。

企業

● 要實現單位 GDP 二氧化碳排放下降的目標，需要 社會方方面面共同的努力，但成敗的關鍵在企業。

● 各類企業都需要承擔企業的社會責任，盡力減少對自然資源的消耗，在生產、運輸和銷售等各個環節提高能源使用效率，減少溫室氣體的排放，以低能源消耗、低成本、低排放的方式運營。

● 一個有良知的企業家，就要具有起碼的社會責任感，嚴格把關自己企業的環境保護作為，

● 在全球減少溫室氣體排放的大背景下，一個企業如果堅持環保發展、低碳發展，就必然會贏得廣大消費者的尊重和信任，受到社會各界的青睞，這對企業獲得政府、銀行，甚至股民的支援，擴大產品市場等都會有幫助，同時還會增強企業內部員工的凝聚力，提升企業的競爭力。企業要樹立低碳發展理念，建立低碳發展機制，制定減排目標，培育低碳核心競爭力。

- 大型企業在國家節能減排工作中佔據十分重要的位置，在全社會節能減排工作中要起到表率作用。這不僅是大型企業實現科學發展，提高競爭力的需要，同時也是履行社會責任的必然要求。大型企業節能減排工作的好壞直接關係到全國節能減排目標是否能如期實現。

- 對國民經濟有重要作用的高能源消耗、高碳排放的產業，必須統一規劃，防止惡性競爭。要從技術上有所突破，儘量減少碳排放。

- 金融機構要為低碳經濟提供金融服務，構建環保金融體系，進行環保信貸創新；加大對新型產業的信貸支援，引導資本流向低碳產業，加強貸後管理和監督，提高客戶的運作能力和資金使用效率，加快專案建成的速度，積極推助企業和經濟轉型升級；要主動實施「赤道原則」，將環保標準與信貸風險管理要求結合，實行環保「一票否決制」；與國際金融組織合作，創新推廣清潔開發機制（CDM）融資專案、碳權質押融資貸款金融產品；為應對全球氣候變化，要儘快深入碳金融領域，依託國內巨大的碳排放資源，積極探索碳交易的標準和規則；要提倡低碳金融辦公，整合資訊系統，降低辦公能源消耗、推行無紙化辦公，等等。

- 研究表明，全球建築行業及相關領域是溫室氣體的主要排放源。全球房地產建築業的能源消耗占到全球終端總能源消耗的40%，而95%左右的已有建築都是高耗能建築。隨著城鎮化的快速發展，這個比例在台灣也迅速擴大。毫無疑問，建築行業需要承擔更大社會的責任。必須加快發展低碳模式，直接或者間接地降低能源消耗，達到節能減排的效果，為生態環保、減少碳排放貢獻一份力。

- 要積極開發太陽能、風能、潮汐能、地熱能、生物能、水能等可再生能源和清潔能源。

- 新能源行業、環保產業在大力開發，生產優質、節能、環保產品的同時，還應傳播低碳理念、天然環保理念，引導公眾樹立節能減排意識，把向全社會宣導環保消費、低碳生活，作為企業義不容辭的責任。

- 一些跨國零售巨頭，已經在低碳商業的道路上先走了一步。本土零售業也要努力著手節能改造，降低超市照明、空調、電梯、冷凍冷藏設備等主要部分的用電量。降低商場自身能源消耗、建設環保節能的賣場的同時，把「節能減排」落實到經營的各個環節，提升到「打造環保供應鏈」的範圍，在採購和銷售環節注重商品的「環保」以及品質安全問題，盡可能提高能源利用效率、減少廢物排放、降低環境污染。當然這也需要得到政府的扶持。

- 低碳超市的普及將擴大促進零售業界對新能源、清潔技術、創新設計等方面的開發和利用。同時，低碳超市的蓬勃發展還將催生碳監測技術、碳監測標準等一系列新型產業，並最終形成行業內完善的碳監測體系，這將對其他行業的節能減排起到積極的示範效應，為全社會建設低碳經濟發揮積極的推動作用。

- 對企業來說，誠信是企業的本分，也是做到低碳生產、低碳經營最起碼的標準。黑心企業及其經營者害人終害己，最終逃脫不了制裁。借用一電影用語「出來混，遲早要還的」。

能源的新來源 - 風力

 *Tips*

※ 「低碳、環保」是大勢所趨,是企業可持續發展的根本所在,而不是某個企業做秀的噱頭。這就要求企業在研發、生產、銷售的各個環節對環境沒有污染、減少污染,做真正的「環保」產品。

※ 自行車生產企業要努力提高自行車品質,力求其不出或很少出故障,例如輪胎一兩年才需打一次氣。自行車還要有多種結構設計,供人們選擇最適合自己身材、騎起來最舒適的自行車,以增加騎行的樂趣,做到零碳出行。

※ 電子企業要遏制「計劃性淘汰」的做法,生產可升級、拓展性能較強、使用壽命長的產品,避免加大碳排放,付出更多的環境代價。

社會團體

　　社會上各類事業、教育單位，群眾團體、公會協會，也應承擔起低碳的社會責任。

● 高等院校作為培養人才和促進科技進步的主要陣地，深入開展「低碳高校」的建設，不僅可以促進學校本身的能源節省，降低辦學成本，在社會上起到示範和帶頭作用，而且也有利於促進學生樹立節能環保意識，掌握節能環保技能，為經濟社會的低碳發展培養大批具有節能、環保、生態意識的宣傳員、實踐者和科技人才，對低碳經濟和社會發展產生深遠影響。

● 中小學校要引導廣大青少年瞭解低碳常識，養成低碳生活的理念，爭做低碳生活的小天使；引導廣大中小學生從學校回到家裡，走進社區，細心觀察和審視生活中的一個個細節，從身邊小事實行節能環保，並將環保的生活理念帶給家人和市民，共建綠色美好家園。

● 科研院所要大力加強科技創新，充分發揮科學技術在發展低碳經濟中的支撐和引領作用。要注重加快先進低碳技術在工業、建築、交通等領域的發展和應用，大力開發煤液化、煤氣化、煤化工等高效環保利用技術，探索高碳能源低碳使用的有效途徑，要遵循產業發展規律，培育太陽能、風能、水能、智能和超導電力網、節能設備、新材料等戰略性新興產業，推動節能與新能源汽車等低碳產業的發展，形成新的經濟成長點。

● 產學研結合，要促進節能減排、生態環保、資源綜合利用技術的推廣應用，延伸循環經濟產業鏈，促進經濟發展模式向高能效、低能源消耗、低排放的方向轉型，要加強體制機制創新，

引導各類創新要素向產業聚集，提升產業技術創新水準，增強經濟持續發展能力和國際競爭力。

- 文化、影視單位在製作、演出時要儘量低碳、節省，不一味追求豪華。在拍攝影視時要維護外景地生態環境。各類媒體要以宣傳和推動低碳經濟、低碳生活為己任，以創造良好的生態環境為目標，並將國外的低碳經驗介紹到國內。

- 科技團體、低碳社團、環保社團要為低碳經濟、低碳生活提供專業交流與合作的研究平臺，跨界整合有利於低碳發展的社會資源，促進產、官、學、研、媒之間的交流和結合；要順勢開展低碳的科普宣傳和科普教育，組織推動低碳經濟、低碳生活的公益活動。

社區功能

家庭是社會的細胞，社區是社會的基本組成。我們可透過已是低碳生活的家庭影響社區，通過社區向社區家庭宣導低碳，並帶動全社會參與節能減排、實行低碳生活。

- 以多種形式在社區開展低碳生活的宣傳引導，組織社區家庭交流家庭低碳生活的竅門妙招。

- 組織低碳的文化、體驗活動和戶外旅遊活動，吸引居民走出宅門，相應減少各家各戶關門閉戶看電視、上網時間。

- 為居民提供有關併車出行的資訊，在社區內提倡互利互助，並可擴展到其他方面的互利互助。

- 在社區內劃定無煙區、吸煙區。

- 在節日期間限時、限地施放煙花爆竹。

服務與捐助

- 踴躍參加社區、單位開展的低碳公益活動。
- 加入環保、低碳等社團組織，在世界地球日、世界環境日等紀念活動中充當義工。
- 響應社會上媒體宣傳的低碳活動，如參與「地球一小時關燈」、「無車日」等活動。
- 將多餘的衣物文具捐贈給周圍需要的親朋好友。
- 在大災大難時向災民送上關愛，捐款捐物。
- 救急幫困，樂於助人。
- 助養、收養災區孤兒。

Tips

※ 開展社區內「舊物再生，拒絕浪費」的低碳活動，開辦跳蚤市場，吸引社區居民相互交換家中閒置物品。

綠化與碳匯，

城市綠化地是「城市之肺」，森林是地球之肺，濕地是地球之腎。城市綠化是優化人居環境、增強人們身體健康的重要保障。增加城市綠能量和綠化覆蓋率，提高公共綠地的品質，進而保護森林、保護濕地、綠化造林，提升自然的碳匯能力。

所謂的碳匯是指森林、植物通過光合作用，吸收二氧化碳，放出氧氣，把大氣中的二氧化碳轉化為碳水化合物，以生物能量的形式固定貯存在植被或土壤中，從而減少大氣中二氧化碳濃度的過程，現今這概念也適用於人為所促成的減碳活動或機制。

green action

綠化的意義

綠化是你我的義務

　　3 月 12 日為植樹節，之所以將 3 月 12 日定為植樹節，一是從利於植樹的季節考慮，二是為了紀念一貫宣導植樹造林的國父孫中山先生，象徵國父生前未能實現的遺願將在二十一世紀實現，並且要實現得更好。以鼓勵全國植樹造林，綠化、改善環境，造福子孫後代。

全民植樹活動

綠化有助於增加碳匯

　　森林是地球之肺，濕地是地球之腎，保護森林、保護濕地、綠化造林，挽救生態危機，已經是刻不容緩。

● 碳匯是指從空氣中清除二氧化碳的過程、活動或人為機制。

● 森林碳匯是指森林植物通過光合作用，吸收二氧化碳，放出氧氣，把大氣中的二氧化碳轉化為碳水化合物，以生物能量的形式固定貯存在植被或土壤中，從而減少大氣中二氧化碳濃度的過程、活動或機制。

● 科學研究表明：森林每生長 1 立方公尺的蓄積量，平均能吸收 1.83 噸二氧化碳，釋放 1.62 噸氧氣。森林碳匯具有工業減排不可比擬的優勢，即成本低、易執行、綜合效益好，可以真實地吸收二氧化碳。

● 有估算顯示：每營造 1 畝人工林，一般可以淨吸收 1 個人一年釋放的二氧化碳；每營造 11 畝人工林可吸收一輛小汽車一年的二氧化碳排放量。

● 低碳崛起，翠竹當道。因為同等面積竹林可比一般樹林多釋放 35% 的氧氣，多吸收二氧化碳。竹子還是替代鋼筋、水泥等高耗能材料的首選，故上海世博會有 9 個場館用竹子「挑大樑」，以表達低碳理念。

每生長 1 立方公尺的蓄積量

CO_2

1.83 噸二氧化碳

O_2

1.62 噸氧氣

1 畝人工林

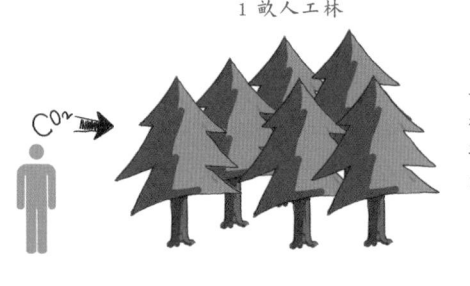

CO_2

每營造 1 畝人工
林，一般可以淨吸
收 1 個人一年釋放
的二氧化碳。

11 畝人工林

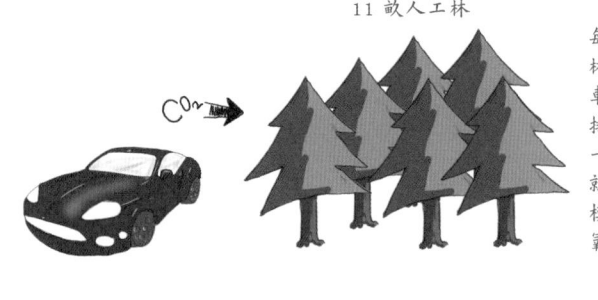

CO_2

每營造 11 畝人工
林可吸收一輛小汽
車一年的二氧化碳
排放量。因此營造
一定規模的人造林
就可以補償一定規
模工業所產生的二
氧化碳排放量。

森林與二氧化碳的聯繫

綠化造林

國土綠化

- 保護森林，保留生態效益高的森林。不要等到森林破壞了，再企圖去恢復。
- 絕不允許濫砍濫伐，對亂占林地、亂採伐林木的行為要嚴加禁止。
- 有效控制森林火災和病蟲害，提高森林覆蓋率，持續植樹造林。
- 做好育林、植樹造林工作。
- 森林作為陸地生態系統的主體，承擔著生態安全的使命，通過培育森林獲取木材，而不是通過破壞森林獲取木材，落實森林永續經營。
- 天然林的生態效應是經濟林所不可比的。人工林全面快速地替換天然林，會嚴重影響森林品質。大規模毀林嚴重破壞了天然林涵養水源的功能，直接導致溪流枯竭，井水乾涸，嚴重影響了周邊地區的氣候。
- 大力植竹護竹。竹林蓄水保土能力強，是負離子之源。
- 人工林要實行近自然經營，多樹種混交。砍了樹要補栽，補上了要撫育。進行以生態為基礎的補植，按照自然的規律走。

小知識　提高森林品質應避免建造林齡單一、林種單一、林層單一的人工林，花鉅資卻變成「綠色沙漠」。

- 以適地適樹為主，推廣和應用優良鄉土樹種和耐旱灌木樹種造林。
- 採取多種林業實用技術措施，科學育苗、科學造林，防止植樹造林活動中違背自然規律的現象。
- 要積極參加植樹節和義務植樹日的活動，提倡和支持各項植樹造林的公益活動。

城市綠化

- 城市綠化地是「城市之肺」。城市綠化是優化人居環境、增強人們身體健康的重要保障。要增加城市綠能量和綠化覆蓋率，提高公共綠地的品質，規劃佈局綠地的分佈和結構，讓城市樹木茁壯茂盛生長，使城市綠地吸碳放氧的能力最大化。
- 城市景觀綠化、美化的同時，要兼顧節省水資源、節省電力資源，可多利用抗旱植物綠化。
- 伴隨著城市化進程的不斷加快，城市環境日趨惡化，在高樓林立、寸土寸金的城市裡，立體綠化成為全球綠化的新趨勢。立體綠化不僅可以對人產生良好的心理效果，帶來美的享受，而且能改善環境，淨化空氣，美化城市，同時對建築物本身起隔熱節能和降低噪音的作用。
- 大樹不僅能吸收二氧化碳，樹蔭還可以供人們納涼，減少開空調的次數，減少碳排放，節省電費。
- 屋頂綠化可以大大改善城市面臨的「熱島效應」。夏天城市的用電高峰，空調用電占總用電量的 50%～70%；空調還排放污濁的空氣，既耗能又污染。屋頂綠化可以淨化空氣，盛夏還可將大樓頂層外表溫度降低 20℃～30℃，這樣就可大大減少

市民使用空調的時間，節省能源。

● 據專家指出一個城市的屋頂綠化率如果達到 70% 以上，城市上空的二氧化碳含量將下降 80%，熱島效應就會消失。同時城市還可能從用電危機、能源危機中解脫出來，變惡性循環為良性循環。

● 屋頂綠化還可以形成對城市水資源的良性循環。屋頂綠化的植物具有滯留、收集、過濾水的功能，經處理過的雨水可以澆花、洗車，甚至可以作為飲用水。

● 城市，尤其是大城市裡環境污染嚴重，負氧離子含量太低。屋頂綠化的植物有黏著粉塵、空氣顆粒的作用，雨水可以帶著這些粉塵、顆粒進入土壤中，再吸收分解。「空中花園」會大大增加負氧離子數量，讓人有融入大自然的感覺。

Tips

※ 圍繞村屯、路旁、渠旁和農田，推展綠化植樹，保障造林綠化。

※ 屋頂綠化是城市綠化的發展方向，前景無限廣闊。給屋頂「蓋帽子」是很多國外城市普遍採取的有效的建築降溫方式，但在台灣屋頂綠化卻鮮見蹤跡、處於尷尬境地。提倡屋頂綠化不單單是美觀，更主要的是其中的生態效益。

※ 屋頂綠化、立體綠化需要得到社會各階層人士、廣大市民，尤其是政府的支持。政府對屋頂綠化除了要加強政策上的引導和經濟上的補貼，還要進一步對屋頂綠化作科學研究。

購買碳匯

● 大力開展碳匯研究，積極發展碳匯林業，是減少溫室氣體排放，落實減排承諾的有效途徑。可以通過購買碳匯實現碳中和。

● 通過林業措施來應對氣候變化，比工業減排成本低，比工業措施簡單，是現階段最有效、最安全、最容易做到的低碳之策。而且林業措施有利於保護生物多樣性，還有助於增加農民就業與收入。

● 碳匯造林是指在確定了基線的土地上，以增加森林碳匯為主要目的，對造林及其林木生長過程實施碳匯計量和監測而開展的有特殊要求的營造林活動。碳匯造林突出了森林的碳匯功能，增加了碳匯計量監測等內容，強調了森林的多重效益，在地點選擇、基線調查、作業設計、樹種選擇、造林方式、整地栽植、未成林撫育、檢查驗收、檔案管理等方面都有特殊要求。

● 要盡快構建一整套碳市場的法律法規體系，並積極參與國際碳市場。

● 企業捐資造林，展現企業實踐低碳生產，自願參與減緩氣候變暖活動的社會責任。並可獲得碳匯指標。

● 參與碳補償，消除碳足跡，個人捐款造林，通過林木吸收的二氧化碳抵消個人生活的碳排放，實踐低碳生活。

室內綠化

家居綠化的優越性

● 居家綠色植物被人們譽為家庭環境的衛士，可淨化空氣，減少塵埃。空氣淨化器等高科技設備未必比自然的植物更好。植物葉面有無數的氣孔，這些氣孔可以吸收空氣中的二氧化硫、氟、氯等有害氣體，經植物體內新陳代謝後再呼出有利於人們健康的新鮮氧氣。每片葉子上無數細小的纖毛，還能截留住空氣中的飄塵微粒，減少室內塵埃，使空氣清新宜人。陽臺、窗口放置的盆栽植物，還可吸音吸熱，隔離窗外噪音，吸收太陽輻射。

● 近年來，由於家庭裝修使用的化學材料越來越多，加上屋內使用瓦斯爐具，空調等原因，致使室內化學污染日趨嚴重，已對人們的身體健康造成一定的危害。在居室裡種植花草植物，可減少和防止室內化學污染，清除空氣中的細菌病毒。有的植物還有驅蚊除蠅作用。

● 在家裡擺上幾盆植物，不但能起到淨化空氣的作用，還能養眼，美化環境。具有生命力的綠色植物和多彩鮮花，讓房間充滿自然狀態和天然美感，也可使人獲得感動和情趣。一些植物的芳香還可以調節人的神經系統，或提高工作效率，或有利於睡眠休息。

● 家中洗菜、洗拖把之後的水都可以利用起來為植物澆水，做到節省用水、一水多用。

辦公室綠化

● 繁忙的事務、緊張的氣氛，在巨大的工作壓力面前，辦公室擺放的綠色植物會給您一片清新寧靜的天空，在潛移默化中使您解除疲憊，舒緩緊張，排除壓力，進而使你心曠神怡，在和諧的環境中提高工作效率，優化工作品質。

● 辦公室內的植物佈置，除了美化作用外，空氣淨化作用也很重要。由於電腦等辦公設備的增多，輻射也增加了，影印機、印表機等還會排出有害氣體。一些對空氣淨化有用的植物就能吸收有害物質並清除室內有毒氣體。

● 綠色植物還具有降低噪音、消除塵埃、阻光降溫等功能。

● 綠色植物調和辦公環境，使辦公室更人性化，也是顯示辦公室品質的指標。

適宜室內擺設的綠色植物

居家、辦公室的綠化要根據房間的大小、性質、用途等，將不同形態色彩，不同品種特性的植物進行安排、佈置。同時也要考慮個人的職業、情趣和愛好等方面。

● **具有減少污染功能的植物：**綠蘿可以通過自身的光合作用，吸收室內的裝修污染物，如：甲醛、苯、二氧化碳及煙霧中的尼古丁等有害氣體；蘆薈、菊花可以減少居家內苯的污染；雛菊、萬年青等，可以有效消除三氯乙烯的污染；月季、薔薇等，可

吸收氯化氫、苯、苯酚、乙醚等有害氣體。虎尾蘭、龜北竹、一葉蘭等葉片碩大的觀葉花草植物，能吸收 80% 以上的多種有害氣體，堪稱室內的「治汙能手」。吊蘭和非洲菊能夠吸收甲醛、尼古丁，還能分解影印機、列印機等排放出來的苯。萬年青、龍血樹和雛菊可清除來源於影印機、雷射印表機和存在於洗滌劑和黏合劑中的三氯乙烯。鐵樹、長春藤和菊花能分解存在於絕緣材料、膠合板中的甲醛，隱匿於印刷油墨溶劑中對腎臟有害的二甲苯、染色劑和洗滌劑中的甲苯。白掌也是美麗的室內空氣毒素殺手。

● **具有淨化空氣功能的植物：**散尾葵和棕竹並駕齊驅為最能淨化空氣的植物。散尾葵在乾燥時期能讓你的房間或辦公室保持濕潤，持續除去空氣中的有害化學物質。棕竹是一種萬能植物，適宜溫度在 0℃～ 40℃存活，而且對大多數植物昆蟲都有抵抗作用。夏威夷椰子、龍血樹也是不錯的「淨化植物」，能讓你的房間或者辦公室的空氣變得清新宜人。日本葵是能有效降低空氣中漂浮的有毒化學物的植物。

● **去除黴菌的植物：**長春藤被譽為「敏感的鎮靜劑」，放在房間 6 小時，空氣中 60% 的黴菌就會消失。對於那些患有哮喘、過敏症的人來說，長春藤就是絕佳選擇。波士頓蕨，因去除室內空氣中的黴菌和有毒物質的能力被稱為「最有效的過濾植物」。

● **保健身體的植物：**有些花卉不但可以觀賞，而且具有保健作用，很適合老年人養植。人參一年三季可供觀賞，根、葉、花、種子皆可入藥，對強壯身體，調理機能有神奇的效果；五色椒絢麗多彩，根、果、莖都具有治療風濕、脾胃虛寒的藥性；百合花形姿高雅，莖與花除食用外，入藥可鎮咳、平驚、潤肺。金

銀花、小菊花可裝填香枕，可沖花泡飲，有清熱解毒、降壓清腦、平肝明目之效。仙人掌千姿百態，藥性寒苦，可舒筋活血、滋補健胃，對動脈硬化、糖尿病、癌症等有一定的藥理作用。茉莉花香襲人，可熏香茶，茉莉葉花入藥可治感冒、腸炎；米蘭枝葉可治跌打損傷。

- **極具觀賞力的植物：** 發財樹又稱瓜栗，為木棉科常綠小喬木，立株形狀美，掌狀葉葉色亮綠，樹幹呈鈍形，盆栽後適於在家內佈置和美化使用。巴西木是頗為流行的室內大型盆栽花木，尤其在較寬闊的客廳、書房、起居室內擺放，格調高雅、質樸，並帶有南國情調，是世界著名的新一代室內觀葉植物。

Tips

※ 人們經常作一些種植花草、澆水施肥的勞動，可活動筋骨，有利於身體健康。

※ 辦公室綠化不僅讓人感到精神愉悅，而且滋潤肌膚，健康身心，使眼睛得到休息，消除眼疲勞。

小知識

「植物活化石」：250萬年遺留下來的紅豆杉樹種，又名紫杉，堪稱是名副其實的「植物大熊貓」。紅豆杉可全天24小時吸入二氧化碳，呼出氧氣，與其他植物相比，最大的優勢是適合在室內擺放，起到增氧效果。紅豆杉還可以吸收一氧化碳、尼古丁、二氧化硫等有毒物質，吸收甲醛、苯、甲苯、二甲苯等致癌物質，淨化空氣，起到防癌、抗癌作用。紅豆杉耐陰、耐溫，是極好的盆栽觀葉植物。

綠化，以上海世博園為例

屋頂綠化、立體綠化

● 在上海世博會上，「爭奇鬥綠」的 200 多棟時尚建築，集中展示了各國的屋頂綠化、牆體綠化、室內立體綠化的新技術，突出了世博「綠化，讓城市更美好；城市，讓生活更美好」的新主題，彰顯了應用新能源、節能減排的低碳生態新理念。

● 主題館 5000 平方公尺的東西外牆上種植著 40 萬盆綠色植物，成為了垂直生態綠牆，是世界最大的立體花卉牆。植物上牆最難的是保證它們的四季存活，經過兩年多的篩選，專家們最後選定了六道木、亮葉和忍冬等小灌木，並利用了植物和土壤、人工木屑等介質相結合的吊掛方法。立體花卉牆將可回收的廢塑膠進行二次利用，將綠化垃圾中的枯枝落葉等有機廢棄物作為植物生長的土壤和肥料，並將廢紙加工製作成栽培植物的環保型花盆。生態牆還採用了灌溉系統，晝夜發揮作用，白天履行遮陽防暑功能，晚上在 LED(發光二極體) 燈光映襯下極富藝術感。

● 在法國館內，整個建築的中心區域都是「植物牆」，綠意盎然；紐西蘭館的整個屋面是一個完整的坡狀屋頂花園，從高原植被、沙漠植物到食用蔬菜等應有盡有；位於城市最佳實踐區的阿爾薩斯館，傾斜的屋頂也變成了一片巨大的綠色植物牆；香港館的頂層是一個水景花園，參觀者可以穿過這片約由 40 棵喬木組成的林木區，在原木觀景廊中徜徉，觀賞人工水景，感受香港的「濕地生態區」。

水生植物

● 圍繞著世博園區的白蓮涇本以盛開白蓮花而聞名,但由於受到沿岸工業污染的影響日漸式微,變得水質極差。隨著世博園的建設,這裡進行了水生生態系統的改造,採用「生態浮島」技術,利用一根中空的 PPC 管,把裝有纖維介質的網袋掛在浮島上,再於介質上種植植物。在水面上一般是種植具有觀賞和經濟價值的浮水植物,而在岸邊則種植以水生花卉為主的挺水植物。「浮島效應」除改善水質外,還為鳥、水生動物、微生物等提供了棲息和附著生長地以及魚的產卵地,這就為構成完整的水生生態系統提供了條件。並能營造優美的景觀效果。

● 在上海世博園後灘公園濱水沿岸,遊客可以看到水中生長著繁盛茂密的水蔥、蘆葦等挺水植物,一片水綠交融的美景。這裡河道水源的源頭本是一個生活汙水的排污口,為了實現水環境的生態修復,設計者通過引入數十種動植物,充分發揮水體生態功能和自淨作用,形成了一個淨化水環境的生態系統。在這個生態系統中,水生植物可以提高水的含氧量,根系可以轉化污染物;魚蝦、微生物可以吃掉水中多餘的營養物質和滋生的藻類,避免水環境的富營養化;大型魚類則可以吃掉小魚蝦,減少生物對環境資源的壓力。水生植物不僅美化了環境,還解決了汙水處理問題,使河水清澈乾淨,實際產生每天淨化2400 立方公尺水的功效,滿足了世博公園和後灘公園自身的綠化灌溉、道路沖洗,還提供給世博公園水景使用。

後記

低碳生活，一個簡單卻充滿挑戰的選擇！

為什麼家園變成了墳墓？這就是因為人們在自食惡果：濫砍濫伐，砍了大樹、砍小樹，水土流失加重了，天氣也變乾旱了，新栽的樹木也因乾旱缺水而難以成活。慘痛的教訓告訴我們，絕不能為了一時的利益、一時的發展，把環境破壞了，讓大自然失衡，那是要付出生命代價和難以估量的經濟代價的。

節能減排低碳、保護地球環境、抑制大氣變暖、愛護地球家園，是我們每個人的義務和責任。讓我們齊心協力，用理性去實現美好的願景，用行動去爭取幸福的未來！

建造綠色的地球家園

appendix

低碳生活，你我嚮往的一種
低能量、低消耗、低成本、低代價的
優質生活方式。

PART 4

附錄一
產品的認證標示

台灣地區產品品質認證標示

環保標章

環保標章是一種商標，頒發給經過嚴格審查，在各類產品項目中，環保表現最優良的前 20 ～ 30%的產品。

全世界目前共有 50 餘國推動『環保標章』，消費者使用具有環保標章之綠色產品來取代傳統產品，可以讓我們的環境獲得不少的效益。

節能標章

「節能標章」之產品能源效率基準，係針對該項產品市場現況各品牌之能源使用效率，擇其分佈曲線之中上階層，作為訂定之參考依據，並配合定期的檢討隨著分佈曲線的變化加以調昇，以確保「節能標章」產品所具有的高能源效率的特性。因此，一般消費大眾便可由「節能標章」，簡單明確的辨識出何者為高能源效率產品。

節水標章

經濟部水利署為鼓勵消費者選用省水產品，落實全民效率節水並促進業界研發省水器材，於 87 年 1 月頒訂「省水標章作業要點」，全力推動省水標章制度，並由工業技術研究院設立「節水實驗室」，進行各項產品檢測。如符合產品規格即由水利署頒發省水標章證書，消費者經認明省水標章選購合格省水器材，即能在不影響原用水習慣下，達到節約用水之目的。

附 錄
appendix

碳足跡標章

依照產品的生命週期，計算碳足跡並標示於商品上，此標章將有助於消費者的低碳消費判斷，目前碳足跡的標章已逐步推展至食品類等產品，未來將推廣至產業界，希望在強調產品碳足跡標章之後，可幫助減少碳排放量。

有機農產品標章

證明該農產品及其加工品經依「農產品生產及驗證管理法」規定在國內生產、加工及分裝等過程，符合中央主管機關訂定之有機規範，並經依本法規定驗證或進口經審查合格之農產品所使用之標章。

UTAP 標章

CAS 優良農產品標章，將從 2010 年起，全部轉換為 UTAP 標章。UTAP 的標準是已通過 CAS 國家食品安全驗證的產品，其原料或其加工使用的重要原料在具備產銷履歷驗證（TAP 標章）後，再經驗證才能獲得 UTAP 標章。可從簡單的公式 CAS+TAP=UTAP 了解，UTAP 的認證對消費者更有保障。

TAP 產銷履歷溯源標章

產銷履歷的主要目標就是要建立產銷鏈中可追溯資料的系統，特別是作業流程與相關配套之資訊系統；其資訊與原料的來源、生產的歷程、儲藏、運送、傳遞、商品的存在與位置都有關。由另一角度觀之，產銷履歷乃是要建立一個作業方式，讓生產者可以追蹤產品儲藏、加工、流通及販賣過程；消費者可以知道（回

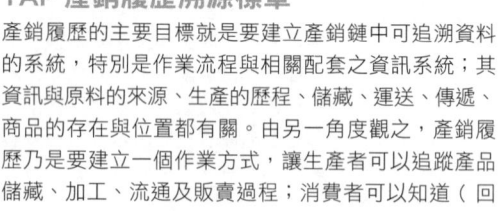

溯）產品流通、加工等產品來源及製造過程，也就是
生產者、加工業者、流通業者乃至消費者之間，都可
以雙向追溯或追蹤產銷資訊的環境。

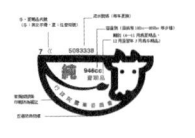

鮮乳標章

鮮乳標章是政府為保護消費者權益所實施的行政管理
措施，促使廠商誠實以國產生乳製造鮮乳。政府依據
乳品工廠每月向酪農收購之合格生乳量及其所實際產
製的鮮乳量核發鮮乳標章。所以選購貼有鮮乳標章的
鮮乳產品，消費者才有保障。

第一軌 個案審查

第二軌 規格標準審查

健康食品

欲載明具「衛生署公告認定的保健功效」者，應依健
康食品管理法相關規定申請許可，經審核通過後，始
得作相關的標示或廣告。現階段衛生署初步認定的保
健功效如下：調節免疫機能、調節血脂、調整腸胃功能、
改善骨質疏鬆、牙齒保健、調節血糖、護肝功能。

食品 GMP 認證標章

GMP(Good Manufacturing Practice)，中文稱為「優良製
造標準」或「良好作業規範」，即為目前世界公認協
助食品製造業者建立自主品質保證體系的最佳方法。

或

商品檢驗標章

標準檢驗局網站亦提供「商品檢驗標識」查詢功能，
消費者可由該局網站進入「商品檢驗資訊查詢」系統，
依「商品檢驗標識」字軌輸入代碼或流水號，即可獲
知商品之檢驗資訊。

塑膠垃圾分類回收標誌

塑膠垃圾分成 7 類回收,第一類 PET、第二類 HDPE、第三類 PVC、第四類 LDPE、第五類 PP、第六類 PS、第七類 Otrher(其他)。一般可在塑膠容器的底部找到相關標示,回收時應依類別回收才能有效的將垃圾變資源。

冷氣 EER 值

ER 全名為 Energy Efficiency Ratio,能源效率比。

EER ＝冷房能力 / 消耗電力。冷房能力:冷氣機運轉一小時,可從室內移走的最大熱量, 單位為 kcal/hr、Btu/hr 或 kW。消耗電力:冷氣機額定運轉時,所需的電力,單位為 W(瓦)或 kW(千瓦)。

EER 值每提高 0.1,可節省約 4% 電力。

冰箱 EF 值

EF 值是 Energy Factor(能源因數)的縮寫,代表電冰箱的能源效率。依據我國 CNS2062-C4048 之試驗方法,數值越高表示能源效率越佳,碳排放越低。

行政院環境保護署 *http://www.epa.gov.tw/*
環保署減碳行為計算器網頁 *http://ecolife.epa.gov.tw/ Cooler/check/Co2_Countup.aspx*

國際通用的產品品質認證

ISO 認證

國際標準化組織 ISO 是一個由國家標準化機構組成的世界範圍的聯合會，在國際標準化活動中占主導地位。其現有 140 個成員國。ISO 的主要任務是制定國際標準，協調全球的標準化工作，促進國際間產品與服務的交流，以及科學技術和經濟活動的相互合作。常見的有 ISO9001 品質認證、ISO14001 環境體系認證。

HACCP 認證

HACCP（危害分析及關鍵點的控制）認證是目前食品行業控制食品安全最先進的管理方式，其作為一種預防性體系，可最大程度減少各種安全危害的發生，盡可能保護消費者安全。目前，美國、日本、加拿大、歐盟等許多國家或國際組織已經把 HACCP 認證證書作為外國企業進入該國市場的必備條件之一。獲得 HACCP 認證證書的企業無異於拿到了食品及相關產品進入國際市場的通行證。

UL 標示

UL 是美國保險商實驗所的簡寫。它是美國最有權威的、一個獨立的、非營利的、為公共安全做試驗和鑒定的專業機構，經其認證後貼於商品上的 UL 品質標示，表示安全性已達到相當的水準，消費者可放心使用。UL 標準有五分之三為美國國家標準 (ANSI) 採用，UL 標誌已在許多國家通行。

CE 標示

「CE」標示是一種安全認證標誌。CE（Conformit　Europ　enne）代表歐洲統一。凡是貼有「CE」標示的產品就可在歐盟各成員國銷售。

RoHS 標示

RoHS 指令即歐盟於 2006 年實施的《電器、電子設備中限制使用某些有害物質的指令》，RoHS 指令規定，使用或含有鉛、汞、鎘、六價鉻、聚溴二苯醚和聚溴聯苯等 6 種有害物質的電器電子產品將不允許進入歐盟市場，其中涉及的產品包括黑白家電、電動工具、電動電子玩具、醫療電氣設備等。經 RoHS 認證取得 RoHS 標示，無異於取得歐洲市場的通行證。

FSC 標示

FSC 是一個創建於 1993 年的國際非營利性組織，它是一種自願性的市場機制，宣導以對環境負責、被社會接受和經濟可行的方式來經營全球森林。FSC 認證通過獨立審核，保證林業企業達到 FSC 嚴格的森林經營標準。除森林以外，供應鏈上的所有加工企業必須取得產銷監管鏈認證。在製造或流通的每一個環節，加工成品的纖維原料都能夠被追溯和辨別。FSC 體系不僅確保產品的原生纖維來源具有可持續性，而且保證產品中的可再生成分是可核實的。在一個完整的從森林到消費者的產業鏈中，FSC 的標籤兌現了產品來自於善待森林源頭的承諾。

大陸地區產品品質認證標示

生產許可標示

為確實從源頭加強食品品質安全的監督管理，大陸實行了市場准入制度，即 QS 認證。QS 是食品「品質安全」的英文縮寫。大陸從 2010 年 6 月 1 日也開始對重要工業產品實行生產許可證制度管理。QS 為「企業產品生產許可」的中文拼音縮寫，下標「生產許可」中文字樣。企業食品生產許可證標示也如上。原食品 QS 加「品質安全」標示最遲延至 2011 年底前使用。

無公害農產品標示

無公害是農產品食用安全的基本要求。其生產必須在良好的生態環境下，遵守無公害農產品生產技術規程，但可以經評估後可有限地使用化學合成物。通過手機簡訊，將 16 位防偽數碼發送到 958878，可以查詢無公害農產品真偽。

綠色食品標示

綠色食品的生產是將傳統農業技術與現代常規農業技術相結合，從選擇、改善農業生態環境入手，在生產、加工過程中執行特定的綠色食品生產準則，限制或禁止使用化學合成物及其他有毒有害生產材料，並實施了「從土壤到餐桌」全程的品質控制。

綠色食品從 2009 年 8 月實行新的企業資訊碼，編碼形式為 GF 加 12 位元數字。GF 是綠色食品英文「Green Food」頭一個字母的縮寫組合，後面為 12 位阿拉伯數字，從左至右 1 到 6 位元為地區代碼（按行政區劃編制到縣級），7 到 8 位為企業獲證年份，9 到 12 位為當年獲證企業序號。標示下還必須標注「經中國綠色食品發展中心許可使用綠色食品標誌」。

不過，目前在市場上還可以看到的舊式編碼：以 LB 開頭的 12 位數字。舊編碼最遲可沿用到 2012 年 8 月。

有機產品標示

有機產品是指其生產必須採用有機生產方式，絕對禁止使用農藥、化肥、生長激素、化學添加劑、化學色素和防腐劑等化學物質，不能使用基因工程技術，土地需要經過轉換期。

與無公害產品及綠色食品相比，有機產品安全標準最高。有機農產品也可稱為「生態食品」，它比常規農產品價格貴數倍，是因為它有環境成本，而且養分更為豐富。

中國良好農業規範認證標示

良好農業規範（GAP）允許有條件地合理使用化學合成物質用藥施肥，通過一定標準管理的整個食品鏈的所有步驟，包含種植、養殖、採收、清洗、包裝、貯藏和運輸過程等，鼓勵減少農用化學品和藥的使用，保障初級農產品的品質安全、可持續發展、環境保護、從業人員健康安全以及動物福利等目標。

良好農業規範（GAP）和有機產品認證是大陸積極推行的與國際接軌的認證制度，已成為大陸食品農產品認證制度的重要組成部分。

在中國國家認證認可監督管理委員會的網頁上，可以查詢中國所有食品認證的資訊。網址為 http://food.cnca.cn/cnca/spncp/sy/index.shtml。

大陸強制認證標示

為防止欺詐行為、保護人體健康或者安全、保護動植物生命或者健康、保護環境，大陸政府按照世貿組織有關協議和國際通行規則，實行了「中國強制認證」，英文縮寫為「CCC」。

認證種類有安全認證 S、電磁相容認證 EMC、安全與電磁相容認證 S&E、消防產品認證 F。

CCC 標誌具有四種全數位技術防偽識別功能供消費者識別。消費者還可以揭啟 CCC 標示上的鍍鋁膜，根據顯現的號碼，登錄大陸認監委網站 www.cnca.gov.cn 上網查詢。

中國能效標示

大陸規定冰箱、洗衣機、空調等 22 類家用電器和商用電器要張貼能源效率標示。自 2010 年 3 月 1 日起,在大陸內地生產、銷售和進口的自動電鍋、交流電風扇、交流接觸器和容積式空氣壓縮機四類產品也必須張貼能效標示。

能源效率分 5 個等級,等級 1 表示產品達到國際標準,最省電;等級 2 表示比較省電;等級 5 是市場准入指標,低於該等級要求的產品不允許生產和銷售。電風扇能效是 3 個等級。按新標準冷氣機能效也改為 3 個等級。消費者根據商品的能效標示可直接瞭解能源消耗資訊、估算日常使用成本,選購高效節能的產品。

從 2010 年 5 月 1 日起,冰箱實行新能效等級標準,能效指標大幅度提高:新標準能效 5 級相當於舊標準能效 3 級水準。冷藏櫃、冷凍櫃的新標準能效 5 級相當於舊標準能效 4 級水準,且新標準能效 1 級指標已接近歐盟 A++ 水準。

中國環境標誌

中國環境標誌(亦稱十環標誌)綠色 I 型是中國官方最高級別的產品環保標誌。它表明獲准使用該標誌的產品不僅品質合格,而且在生產、使用和處理處置過程中符合環境保護要求,與同類產品相比,具有低毒少害、節省資源等環保優勢。國家規定政府採購必須優先採購環境標誌產品。環境標誌藍色 II 型為企業自我環境聲明(以企業為主、ISO14021 標準為準繩的第三方評審)。

中國環保產品認證標誌

環保產品認證旨在推廣環境有利產品的生產和使用,推動居住環境及自然環境的改善,力促達到自然環境的良性循環和社會經濟的可持續發展。認證範圍涉及污染防治設備和傢俱、建材、輕工業產品等。

中國節能節水產品認證標誌

資源節省產品認證旨在促使消費者對節能省水產品的主動消費，引導和鼓勵節能省水產品的推廣和技術水準的進步。

經認證並加貼「節」標誌的節能、省水產品，既可節省家庭支出，用相對少的能源維持或提高現有生活水準，又可改善居住環境、降低大氣污染，提高我們的生活品質。

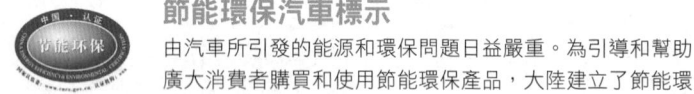

節能環保汽車標示

由汽車所引發的能源和環保問題日益嚴重。為引導和幫助廣大消費者購買和使用節能環保產品，大陸建立了節能環保型汽車認證制度。

保健食品標示

保健食品，是指聲稱具有特定保健功能或者以補充維生素礦物質為目的的食品。即適宜於特定人群食用，具有調機體功能，不以治療疾病為目的，並且對人體不產生任何急性、亞急性或者慢性危害的食品。

2003 年 10 月，大陸食品藥品監督管理局接手衛生部負責保健食品申報工作。根據 2005 年發佈的《保健食品註冊管理辦法（試行）》，大陸生產保健食品核准號碼格式為「國食健字 G+4 位元年代號 +4 位元順序號；進口保健食品核准號碼格式為：國食健字 J+4 位元年代號 +4 順序號。保健食品批准證書有效期為 5 年。此前批准及衛字號的保健食品尚待適時清理，目前仍為有效。

纖維產品標誌

天然纖維產品標誌和生態纖維製品標誌是中國纖維檢驗局在國家工商行政管理總局註冊的證明商標。天然纖維產品標誌證明其產品的原料是天然的，品質是純正的。生態纖維製品標誌證明其產品為綠色產品。二者具有紙吊牌、粘貼標誌和縫入商標三種形式。

附錄二
生活碳足跡計算公式

一棵 30 年樹齡的冷杉樹一年能吸收 111 公斤二氧化碳，您可跟據以下公式估計算出你的碳排放量需要種多少棵樹。

※ 食用肉品的二氧化碳排放量（公斤）＝公斤數 ×13

※ 多買衣服的二氧化碳排放量（公斤）＝件數 ×4.2

※ 家居用電的二氧化碳排放量（公斤）＝耗電度數 ×0.623

※ 用水的二氧化碳排放量（公斤）＝用水度數 ×0.195

※ 用天然氣的二氧化碳排放量（公斤）＝立方公尺數 ×2.09

※ 用桶裝瓦斯的二氧化碳排放量（公斤）＝立方公尺數 ×1.75

※ 2000c.c 小轎車的二氧化碳排放量（公斤）＝公里數 ×0.24835

※ 125c.c 機車的二氧化碳排放量（公斤）＝公里數 ×0.06278

※ 乘坐公車的二氧化碳排放量（公斤）＝公里數 ×0.039189

※ 乘坐飛機的二氧化碳排放量（公斤）：

　　短途航程（200 公里以內）＝公里數 ×0.275

　　中途航程（200 至 1000 公里）＝ 55 ＋ 0.105×（公里數－ 200）

　　長途航程（1000 公里以上）＝公里數 ×0.139

※ 使用汽油的二氧化碳排放量（公斤）＝耗油公升數 ×2.3

※ 垃圾的二氧化碳排放量（公斤）＝公斤數 ×2.06

附錄三
有關環保的重要日子

1 月 14 日→台灣海域受難日

2 月 2 日→世界濕地日

2 月 10 日→國際氣象節

3 月 1 日→國際海豹日

3 月 12 日→植樹節，整個三月為植樹月

3 月 22 日→世界水日

3 月 23 日→世界氣象日

4 月 7 日→世界衛生日

4 月 22 日→世界地球日

5 月 5 日→台灣自行車日

5 月 22 日→國際生物多樣性日

5 月 31 日→世界無煙日

6 月 5 日→世界環境日

每年夏至當天→夏至關燈日

6 月 17 日→國際對抗沙漠與乾旱日

6 月 26 日→國際禁毒日

7 月 11 日→世界人口日

9 月 14 日→世界清潔地球日

9 月 16 日→國際保護臭氧層日

9 月 22 日→世界無車日

9 月 27 日→世界旅遊日

10 月 4 日→世界動物日

10 月 16 日→世界糧食日

10 月第二個星期三→國際減輕自然災害日

11 月 19 日→國際廁所日

11 月 11 日所屬的一周→國際科學與和平周

12 月 5 日→國際志工日

附錄四
低碳相關名詞

- 二氧化碳 (CO2)：一種自然界所有生物生長須臾不可離開的氣體。植物經光合作用吸入二氧化碳呼出氧氣，動物吸入氧氣呼出二氧化碳，生物呼吸循環往復。二氧化碳在地球形成之初就自然生成，它還來自有機物分解、發酵、腐爛、變質的過程，來自糞便、腐植酸發酵、熟化的過程，來自碳或含碳化合物完全燃燒的過程及化工產品的生產過程。二氧化碳是影響地球輻射平衡的主要溫室氣體，也是衡量其他溫室氣體的參照氣體。2009 年大氣中二氧化碳濃度創歷史新高，為 390ppm。

- 溫室效應：大氣保溫效應的俗稱。大氣中有一部分氣體具有允許太陽短波輻射投入大氣層，並阻止地面和低層大氣的長波輻射穿出大氣層的作用，使大氣得以保溫和增溫。大氣的這種類似溫室准許陽光射入、又不讓熱量散失的功能，被稱為「溫室效應」。

- 溫室氣體 (GHG)：即導致溫室效應，並進而導致氣候變化的氣體。地球大氣中主要的溫室氣體有水蒸汽（H2O）、二氧化碳（CO2）、氧化亞氮（N2O）、甲烷（CH4）和臭氧（O3）等。此外，大氣中還有許多完全由人為因素產生的溫室氣體，如《蒙特利爾協議》所涉及的鹵烴和其他含氯和含溴物。《京都議定書》規定減排的溫室氣體是二氧化碳（CO2）、氧化亞氮（N2O）、甲烷（CH4）、氫氟烴（HFCs）和全氟化碳（PFCs）、六氟化硫（SF6）。

- 二氧化碳當量：用來表示二氧化碳和其他不同溫室氣體排放（流量）和濃度（存量）的量度單位，以統一度量整體溫室效應的結果。它以二氧化碳全球變暖潛能指數 1 為度量溫室效應的基本單位。求某種氣體的二氧化碳當量是把這一氣體的噸數乘以其全球變暖潛能值（GWP）後得出來的。這種方法可以把不同溫室氣體的效應標準化。

- 碳源：指向大氣中釋放二氧化碳的過程、活動或機制，有自然源和人為源之分。

- 碳匯：從空氣中清除二氧化碳的過程、活動或機制。它主要是指森林吸收並儲存二氧化碳的能力。

附錄
appendix

- 碳足跡：指某人或某組織的某一特定活動所產生的碳排放量，不僅指直接碳排放量，也包括間接碳排放量。
- 碳強度：通常是指每單位國內生產總值（GDP）在所有經濟活動中所產生的二氧化碳排放量。該指標主要用來衡量一個國家的經濟增長同碳排放量增長之間的關係。
- 碳捕獲和封存(CCS)：將二氧化碳從工業以及能源相關的來源中分離出來，輸送到封存地點並且長期與大氣隔絕的過程。
- 低碳：意指較低（更低）的溫室氣體（二氧化碳為主）排放。
- 低碳經濟：是指在可持續發展理念指導下，通過技術創新、制度創新、產業轉型、新能源開發等多種手段，盡可能地減少煤炭、石油等高碳能源消耗，減少溫室氣體排放，減少環境污染，構築包括低碳能源系統、低碳技術和低碳產業體系的經濟發展體系，達到經濟社會發展與生態環境保護雙贏的一種經濟發展形態。
- 低碳生活：一種低能量、低消耗、低成本、低代價的生活方式，也就是說盡力減少生活作息所耗用的能量，盡可能少用在生產和消費過程中排放大量溫室氣體的產品。
- 世界地球日：一項起源於美國的環境保護運動。1970 年 4 月 22 日，在美國民主黨參議員納爾遜最先提議和哈佛大學學生鄧尼斯‧海斯的發起和組織下，全美有 2000 多萬人，10000 所中小學，2000 所高等院校和 2000 個社區及各大團體參與了聲勢浩大的「地球日」活動。人們通過集會、遊行、宣講和其他多種形式的宣傳活動，呼籲所有人都行動起來，創造一個清潔、簡單、和平的生活環境。1990 年 4 月 22 日，為紀念地球日二十周年，全世界有 134 個國家和地區聯合開展了一次規模空前的、有 2 億人參加的「地球日」活動。從此，「地球日」成為「世界地球日」。
- 聯合國人類環境會議：1972 年 6 月聯合國在瑞典的斯德哥爾摩召開了有 113 個國家參加的聯合國人類環境會議。會議討論了保護全球環境的行動計畫，通過了《人類環境宣言》。
- 世界環境日：1972 年 6 月聯合國人類環境會議建議將會議開幕的 6 月 5 日定為「世界環境保護日」。同年 10 月，聯合國大會第 27 屆會議接受並通過了這一建議。從此每年的 6 月 5 日，世界各國都開展群眾性的環

境保護宣傳紀念活動，以喚起全世界人民都來注意保護人類賴以生存的環境，自覺地採取行動，參與環境保護的共同努力；同時還要求各國政府和聯合國系統為推進環境保護進程做出貢獻。

■ 聯合國環境規劃署（UNEP）：由 1972 年聯合國人類環境會議建議設立、於 1973 年 1 月正式成立。它是在聯合國框架下的一個負責統一協調和規劃環境方面的全球事務組織。現總部設在肯雅首都內羅畢。在國際社會和各國政府對全球環境狀況及世界可持續發展前景愈加深切關注的 21 世紀，其受到越來越高度的重視，並正發揮著不可替代的關鍵作用。

■ 《世界自然資源保護大綱》：是一項保護世界生物資源的綱領性文件，也是一個保護自然和資源的行動指南。國際自然和自然資源保護聯合會受聯合國環境規劃署委託，於 1975 年開始起草，後經聯合國有關機構和國際組織審定，於 1980 年 3 月 5 日在全球公佈了《世界自然資源保護大綱》。許多國家按照《大綱》確定的原則和方法，制定了本國的保護資源的法規和措施，以防止資源的不合理利用。

■ 《蒙特利爾協定》：1987 年 9 月聯合國環境署在加拿大蒙特利爾召開的保護臭氧層會議上簽訂的協定。在這次會議上，有 23 個國家的代表簽訂了保護臭氧層的《蒙特利爾協定》，限制氟氯化碳等破壞臭氧層氣體的排放，規定 20 世紀末全面禁止氟里昂的生產和使用。1991 年 6 月，中國代表宣佈加入《蒙特利爾協定》。

■ 臭氧層：位於距離地面 25~30 公里處的大氣平流層，能吸收 99% 以上對人類有害的太陽紫外線，是地球上所有生物的天然保護屏障。20 世紀 70 年代以來，臭氧層發生嚴重耗損，80 年代中期科學家在南極上空首先發現了臭氧空洞。20 多年後的今天，雖然情況有所好轉，全球臭氧含量大致保持恒定狀態，但南極上空仍然有很大的空洞，2005 年臭氧空洞面積達到 24 萬平方公里，相當於北美洲的面積。

■ 政府間氣候變化專門委員會(IPCC)：IPCC 於 1988 年由世界氣象組織和聯合國環境署合作成立，該委員會負責調查全世界的科學技術文獻並發佈評估報告，其報告被公認為是現有的有關氣候變化的最可靠的信息來源。該委員會還負責方法論的制定並對來自《聯合國氣候變化框架公約》(UNFCCC) 附屬機構的具體要求做出回應。IPCC 分別在 1990、1995、2001 及 2007 年發表了四次正式的《氣候變遷評估報告》。

附錄 appendix

- 聯合國環境與發展會議；是 1992 年 6 月在全球環境持續惡化、發展問題更趨嚴重的情況下，聯合國於巴西里約熱內盧召開了環境與發展國際會議。這是繼 1972 年 6 月瑞典斯德哥爾摩聯合國人類環境會議之後，規模最大、級別最高的一次國際會議。會議通過了關於環境與發展的《里約熱內盧宣言》（又稱《地球憲章》）和《21 世紀行動議程》，154 個國家簽署了《聯合國氣候變化框架公約》，148 個國家簽署了《保護生物多樣性公約》。大會還通過了有關森林保護的非法律性文件《關於森林問題的政府聲明》。這次會議具有積極的成果，在人類環境保護與持續發展進程上邁出了重要的一步。

- 《聯合國氣候變化框架公約》（UNFCCC）：是 1992 年 5 月 22 日聯合國政府間談判委員會就氣候變化問題達成的公約，於 1992 年 6 月 4 日在巴西里約熱內盧舉行的聯合國環發大會上通過。這是一個有法律約束力的公約，旨在控制大氣中二氧化碳、甲烷和其他造成「溫室效應」的氣體的排放，將溫室氣體的濃度穩定在使氣候系統免遭破壞的水準上。

  公約確立了五個基本原則：一「共同但有區別的責任」原則，要求發達國家應率先採取措施，應對氣候變化；二、要考慮發展中國家的具體需要和國情；三、各締約國方應當採取必要措施，預測、防止和減少引起氣候變化的因素；四、尊重各締約方的可持續發展權；五、加強國際合作，應對氣候變化的措施不能成為國際貿易的壁壘。

- 《京都議定書》：是由《聯合國氣候變化框架公約》的締約國根據該公約於 1997 年在日本東京簽署通過的具有法律約束力的協議。該協議要求發達國家做出在 2008 至 2012 年期內溫室氣體排放量至少比 1990 年水準低 5% 的承諾。2005 年 2 月 16 日，《京都議定書》正式生效。

- 清潔發展機制 (CDM)：是《京都議定書》框架下的一種綠色開發機制，表示為了促使發達國家和發展中國家共同減排溫室氣體，發達國家可通過投資發展中國家的溫室氣體減排項目，並藉此獲得碳信用額度，以用來抵消自身的二氧化碳排放量。

- 峇里路線圖：2007 年 12 月，在印尼巴厘島舉行的聯合國氣候變化大會上於 15 日通過了「巴厘路線圖」。該路線圖強調國際合作，堅持「共同但有區別的責任」原則，長期合作共同行動，減排溫室氣體；明確規定包括美國在內的所有發達國家締約方，都要履行可測量、可報告、可核

| 生活小改變，地球好自在

實的溫室氣體減排責任；強調了發展中國家關心的適應氣候變化問題、技術開發和轉讓問題以及資金問題。該路線圖並為下一步落實《聯合國氣候變化框架公約》設定了時間表。

■ 哥本哈根世界氣候大會：全稱是《聯合國氣候變化框架公約》締約方第15次會議。於2009年12月7日至18日在丹麥首都哥本哈根召開。在各方共同努力下，會議最終達成了不具備法律約束力的《哥本哈根協議》。該協議維護了《聯合國氣候變化框架公約》及其《京都議定書》確立的「共同但有區別的責任」原則；在發達國家實行強制減排和發展中國家採取自主減緩行動方面作出了安排。會議根據政府間氣候變化專門委員會（IPCC）第四次評估報告的科學觀點，提出了將全球平均溫升控制在工業革命以前2℃的長期行動目標。

■ 坎昆世界氣候大會：即《聯合國氣候變化框架公約》第16次締約方會議暨《京都議定書》第6次締約方會議。會議於2010年11月29日至12月11日在墨西哥坎昆召開。經過緊張磋商，會議終於就設立援助發展中國家的綠色氣候基金、控制全球氣溫升幅、保護熱帶雨林及分享清潔能源等議題達成了協定，合稱《坎昆協定》，充分顯示了國際社會應對氣候變化的決心。但在另一些關鍵問題上卻未能實現突破：《京都議定書》依然前途不明，發達國家減排目標過低，氣候資金還未真正落實，等等。

■ 赤道原則：赤道原則原被稱為格林威治原則，是國際上一些主流銀行於2002年英國格林威治會議後，為體現企業社會責任，參照國際金融公司（JFC）可持續發展政策與指南建立的一套自願性金融行業基準，旨在判斷、評估和管理專案融資中的環境與社會風險，並利用金融杠杆促進項目在環境保護以及周圍社會的和諧發展方面發揮積極作用。鑒於該原則應該為發達國家和發展中國家共同遵守，而二者常有「南」、「北」之說，故取中被稱為「赤道原則」。目前全球已有60多家赤道銀行，其中包括中國的興業銀行實行赤道原則。

附錄五
世界地球日的由來

　　地球是人類的共同家園。但自近代工業革命以來，人類對資源無休止的索取和不適當的利用，已經給環境帶來了極大的破壞：大片的熱帶雨林被無情砍伐一空，廣袤富饒的良田被沙漠步步吞噬，生物賴以生存的森林、湖泊、濕地等正以驚人的速度消失，煤炭、石油、天然氣等不可再生能源因過度開採而面臨枯竭，能源燃燒排放的大量溫室氣體導致全球氣候變暖，由此引發的極地冰蓋融化、海平面上升、氣後極端化等問題威脅到人類的生存發展。

　　保護地球資源環境、尋求可持續發展模式已刻不容緩。一些具有超前意識的人，早已經覺察到有必要喚起人們對地球保護的意識。1969 年，一位美國出版商向聯合國教科文組織建議，為地球設立一個節日，讓全世界的民眾在每年的這一天擱置分歧、關注我們共同的需要——寶貴的自然資源。時任聯合國秘書長、緬甸外交家吳丹批准了這項提議。

　　世界地球日最初選定的是北半球的春分日——每年 3 月 21 日前後。因為這一天全世界任何角落晝夜時長均相等，陽光可以同時照耀在南極點和北極點上，它象徵著世界的平等，也象徵著人類拋開彼此間的爭議，和諧共存。

　　真正讓地球日走向世界並固定在每年 4 月 22 日的，是美國威斯康辛州的民主黨參議員蓋洛德‧納爾遜和 25 歲的哈佛大學法學院學生丹尼斯‧海斯。

　　1969 年納爾遜在美國各大學舉行演講會，籌畫在次年組織廣大師生和普通民眾就環境問題開展討論。大學生鄧尼斯‧海斯很快就將納爾遜的提議變成了一個在全美各地展開大規模社區性活動的具體構想，並提出將運動定位於以環境保護為主題的草根運動。這個倡議得到了很多青年學生的普遍支持。他們之所以確定在 4 月 22 日開展活動，是因為那天離期末考試還有一段時間，前後也沒有什麼節日和假期。

1970 年 4 月 22 日當天，25 萬人聚集在華盛頓特區，10 萬人向紐約市第五大街進軍。全美國大約有 10000 所中小學，2000 所高等院校和 2000 個社區及各大團體，估計有 2000 多萬人走上街頭。人們高舉著地球模型、大型標語，高喊著保護環境的口號，舉行遊行、集會和演講，呼籲政府採取措施保護環境。鑒於公眾對環境保護的關心，美國國會也在這一天休會，近 40 名參眾議員分別在當地集會上講話。這次規模盛大的活動，震撼朝野，被譽為二戰以來美國規模最大的社會活動，它標誌著美國環保運動的崛起，也是人類有史以來第一次大規模的群眾性環境保護運動。

從此，美國民間組織提議把 4 月 22 日定為「地球日」。地球日這個名號也隨之從春分日移動到了 4 月 22 日。

地球日活動促使美國 1970 年成立美國環境保護署 (EPA)，1972 年制定《潔淨空氣法》和《潔淨水法》，1973 年頒佈《瀕臨滅絕動植物保護法》。

地球日的影響隨著環境保護的發展而日趨擴大，並超越美國國界、得到了世界許多國家的積極回應，甚至在一定程度上促成了 1972 年聯合國第一次人類環境會議在斯德哥爾摩的召開，有力地推動了世界環境保護事業的發展。可以說，「地球日」對 1973 年聯合國環境規劃署的成立、對許多國家政府環保機構的設立和環保組織的不斷增加，都起到了一定的推動作用。

「地球日」誕生之後 20 年間，全球的環境保護工作取得了很大的進展，環境保護問題已成為國際政治的熱點。越來越多的政治家、科學家等有識之士都強烈地認識到，環境污染和生態惡化會使社會的文明進程受到巨大阻礙。為此，地球日活動的組織者致函中國、美國、英國三國領導人和聯合國秘書長，呼籲各國採取積極步驟，達成協議，以阻止和扭轉全球環境惡化趨勢的發展；同時呼籲全世界願意致力保護環境、進行國際合作的政府，並舉辦「地球日」20 周年慶祝活動，動員全球億萬民眾都來積極地參與環境保護。

地球日活動組織者的倡議得到了亞洲、非洲、美洲、歐洲許多國家和眾多國際性組織的回應及聯合國的首肯。最終在 1990 年 4 月 22 日，全世界有來自 140 多個國家的、逾 2 億人參與了地球日活動。成千上萬項紀念活動在全球各地展開。參與團體通過舉辦座談會、遊行、文化表演、清潔衛生等活動來宣導「地球日」精神。許多民眾身穿藍綠兩色服裝，開展了撿拾廢紙和塑膠袋、嚴禁隨地倒垃圾的活動。美國全國大約有 1 億人把汽車

放在家裡停開，以防汽車廢氣散發到空氣中去。許多國家還開展了一周的環保活動，並把 4 月 22 日星期日定為一周活動的高潮。

為了更好地推展世界地球日活動，20 世紀 90 年代，「地球日」活動的發起人創立了「地球日網路」（EarthdayNetwork）。這是一個鬆散的聯盟，參加者都是出於自願，在各地獨立開展活動。由國際知名人士和環境專家組成組委會和顧問組，與參加活動的各組織聯繫、協調並做出適當的指導。當然人們全都知道，僅靠「地球日」活動是不可能改善我們的環境的，但通過這種形式，表達了世界人民．環境保護的意識和願望，表明人們正在為改善自己的環境而積極地努力。

2009 年 4 月 22 日，第 63 屆聯合國大會一致通過了由玻利維亞起草及其他 50 多個國家連署支持的決議，決定將今後每年的 4 月 22 日定為「國際地球母親日」，即「世界地球日」。

決議寫道：地球及其生態系統是人類的家園，人類要想在經濟、社會和環境的需求之間實現平衡，就必須與自然界和地球和諧共處。

決議呼籲各國政府、國際和地區組織，以及非政府組織等有關各方，以適當的方式慶祝「世界地球日」，提高人類對保護地球及其生態環境的意識。

聯大主席布羅克曼說，人類不是擁有地球，而是屬於地球。他說，通過設立「世界地球日」，聯合國呼籲各國重視人類和地球的福祉，把愛護地球和保護日漸稀少的自然資源作為共同的責任。他還指出，21 世紀應成為人類致力於保護和支援地球及其生態系統的世紀。

2010 年 4 月 22 日，在全球 190 個國家和地區，十億多的民眾以各種形式歡慶地球日 40 周年，使地球日成為了全世界最大的非宗教群眾活動。今天地球日已經真正成為一個全球性的節日。在世界各個角落，環保意識、低碳意識都在逐漸深入人心。

附錄六

低碳行動節能減排估算表

這裡透過一份大陸地區的人口規模作節能減碳的估算,基準是以三口之家、住房面積 25~35 坪估算。

您將發現當只有一個人做節能減碳的時候沒什麼,但當規模達 10 億人以上時,效益就相當驚人,一年可以節省能源 2442.1 萬噸的標準煤碳能量,轉換成減碳效益就是 6190 萬噸的二氧化碳備減排了,心動了嗎?行動吧。

低碳行動 節能減排	節約的標準煤碳能量 / 年		減排二氧化碳 / 年	
	人均 公斤	全國 萬噸	個人 公斤	全國 萬噸
每人每年少買 1 件 不必要的衣服	2.5	6.3	6.4	16.0
每年少用 1 公斤洗衣粉	0.1	10.9	0.2	28.1
每月手洗代替機洗 1 次	1.4	26.0	3.6	68.4
每人每年節省糧食 5 公斤	1.8	24.1	4.7	61.2
每人每年節省畜產品 10 公斤	5.6	35.3	14	91.1
電扇常用中、低檔	1.3	41.4	0.8	108.0
1 台空調夏季比 國家標準 (26℃) 高 1℃	2.7	123.0	7.0	317.0
1 台空調出門前幾分鐘關掉	0.6	28.6	1.6	72
使用省電燈泡 2 只	17.7	266.0	45.7	686.0
在家隨手關燈	0.6	74.3	1.6	188.0
每人每天騎車出行 10 公里以下	121.7	12.0	240.9	25.0
每人每天公車出行 10 公里以下	97.3	10.0	206.8	21.0
家有 1 輛小排量汽車	107.7	18.0	215.7	35.4
每月少開一天車	16.3	61.0	32.7	122.0

停車時及時熄火	12.0	45.0	24.0	90.0
不使用電腦時以待機代替螢幕保護程式	0.6	16.7	1.5	43.0
使用液晶螢幕取代傳統 CRT	2.5	30.0	6.4	76.9
調低電腦螢幕亮度	3.7	85.7	9.6	222.0
不使用印表機時將其斷電	1.2	11.3	3.2	28.8
每天少開 1 小時電視	4.7	25.7	12.8	67.0
電冰箱及時除霜	3.8	236.6	10.0	606.9
每天減少 3 分鐘冰箱開門時間	22.9	39.4	59.0	101.0
調低電視螢幕亮度	0.7	71.4	1.8	184.0
及時拔下家用電器插頭	1.0	77.1	2.6	197.0
平均每天一澡，沐浴代替盆浴，並控制洗浴時間	1131.5	574.3	2956.7	1475
適當調低沐浴溫度	5.0	64.4	12.6	165.0
避免家庭用水漏失	1.4	340.0	3.6	868.0
煮飯提前淘米，並浸泡 10 分鐘	0.6	30.0	1.4	78.0
儘量避免抽油煙機空轉	0.5	36.4	3.9	93.6
紙張雙面列印	0.2	6.4	0.5	16.4
用電子郵件代替紙質信函	0.1	5.0	0.4	12.9
用手帕代替紙巾	0.1	2.8	0.2	7.4
總計	1573.5	2442.1	3894.9	6190

（依據大陸科技部全民節能減排計算器估算）

生活小改變，地球好自在

國家圖書館出版品預行編目資料

生活小改變地球好自在：低碳生活書 / 解
難主編. -- 初版. -- 臺北市 ： 賽尚圖文，
民 100.11
面； 公分. --（鮮活家；02）
ISBN 978-986-6527-24-1（平裝）
1. 生活指導 2. 能源節約

177.2　　　　　　　　100022335

本書繁體版權由中國輕工業
出版社授權賽尚圖文事業有
限公司於台灣地區獨家出版
發行。原書書名《低碳生活
實用指南》。

鮮活家　02

生活小改變，地球好自在〔低碳生活書〕

主　編 · 解　難
副主編 · 臧弘印 · 張　憑 · 周蘋君

發行人 · 總編輯 · 蔡名雄
出版發行 · 賽尚圖文事業有限公司
　　　　　　106 台北市大安區臥龍街 267 之 4 號
　　　　　　（電話）02-27388115　（傳真）02-27388191
　　　　　　（劃撥帳號）19923978（戶名）賽尚圖文事業有限公司
　　　　　　（網址）www.tsais-idea.com.tw
　　　　　　賽尚玩味市集 http://tsiasidea.shop.rakuten.tw

封面美術設計 · BEAR
內文美術設計 · 夏果設計 *nana
總 經 銷 · 紅螞蟻圖書有限公司
　　　　　　台北市內湖區舊宗路二段 121 巷 28 號 4 樓
　　　　　　（電話）02-2795-3656　（傳真）02-2795-4100
製版印刷 · 科億印刷股份有限公司

出版日期 · 2011 年（民 100）11 月初版一刷

ISBN：978-986-6527-24 -1
定價 · NT.208 元

The energy conservation reduces the carbon